Karl Wilhelm Schnars

Baden-Baden und Umgebung

Karl Wilhelm Schnars

Baden-Baden und Umgebung

ISBN/EAN: 9783742893185

Hergestellt in Europa, USA, Kanada, Australien, Japan

Cover: Foto ©Andreas Hilbeck / pixelio.de

Manufactured and distributed by brebook publishing software
(www.brebook.com)

Karl Wilhelm Schnars

Baden-Baden und Umgebung

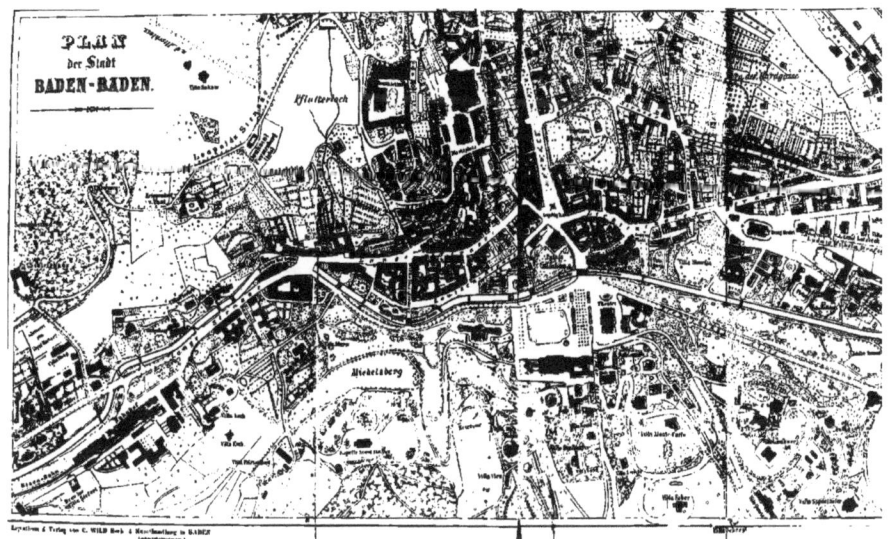

PLAN
der Stadt
BADEN-BADEN.

Baden-Baden

und

Umgebung

von

Dr. Carl Wilhelm Schnars.

Neuester zuverlässiger Führer.

Mit einem Plan der Stadt, einer Karte der Umgebung, sowie einer Karte des Schwarzwaldes und Anleitung zu 12 grösseren Tagesausflügen

(Badener Höhe, Murgthal, Herrenalb, Kaltenbronn, Bühlerthal, Mummelsee und Hornisgrinde, Allerheiligen und Renchthal, Schwarzwaldbahn, Strassburg, Freiburg, Basel, Carlsruhe).

———◦>|<◦———

Baden-Baden.
Verlag der C. Wild'schen Buchhandlung.

———

Vorwort.

Die vielen Verschönerungen und zweckmässigen neuen Einrichtungen, welche seit dem Jahre 1873 der Stadt Baden und ihrer Umgebung zu Theil wurden, veranlassten die nachfolgende nähere Schilderung derselben. Nicht allein die heissen Quellen, welche in dem neuen grossartigen Friedrichsbade ihre richtige Würdigung finden, bilden die Hauptanziehungskraft für den Besuch; es ist die wunderbar schöne, nahe und ferne Umgebung der Bäderstadt, welche ein alljährlich sich vermehrendes Zuströmen von Gästen veranlasst. Es war nicht unsere Absicht, ein ärztliches Buch über die Thermen Baden's mit Kurregeln und Krankengeschichten zu verfassen; es lag uns besonders daran, die gesunden Besucher der Bäderstadt mit der herrlichen Umgebung bekannt zu machen. Wir fügten aus diesem Grunde der Schilderung der Stadt und der Angabe zahlreicher Spaziergänge in der Nähe, eine Anleitung zu grösseren Ausflügen, zu Tagesausflügen bei.

Dass dabei einige Wiederholungen vorkamen, war kaum zu vermeiden; solche Wiederholungen werden jedoch dem Leser das Nachschlagen ersparen.

Schliesslich muss noch bemerkt werden dass die dem Buche angefügten Annoncen und Empfehlungen in keinerlei Beziehung zu dem Verfasser des Führers stehen, sondern nur Sache der Verlagshandlung sind.

Carl Wilhelm Schnars, Dr. med. etc.

Baden-Baden, Mai 1878.

Inhalts-Verzeichniss.

IV

VI

Baden - Baden und Umgebung.

Einleitendes.

Mit Recht vergleicht man das ganze **Grossherzogthum Baden** mit einem blühenden Garten, der sich vom Bodensee bis zur Mündung des Neckars in den Rhein hinabzieht und einerseits von dem herrlichen Rheinstrome, der grössten Pulsader des europäischen Verkehrs, andererseits von dem romantischen Schwarzwalde umschlossen wird. In der Mitte dieses reichen Gartens, der an Fruchtfeldern, Rebgeländen, Wiesengründen, Wäldern, malerischen Felsmassen, Bergen und Thälern Alles darbietet, was das Herz des Menschen erfreuen kann, liegt an dem schönsten, reizendsten Punkte **Baden - Baden**, welches seinen Namen mit Recht von den heilsamen, wunderwirkenden Quellen führt, die hier dem Schoss der Erde in heissem Dampf entströmen.

Wenn man die Umgegend Neapels mit Bajæ, dem Vesuv, dem Sanct-Angelo-Gebirge, mit Amalfi, Sorrent, den Inseln Capri und Ischia ein Stück auf die Erde herabgefallenen Himmels (un pezzo del cielo caduto in terra) nennt, so dürfen wir getrost eine ähnliche Bezeichnung für Baden-Baden und seine Umgebung wählen, indem wir den nicht allzu umfangreichen Kreis von der Bäderstadt über die Schlösser **Alt-Baden** (Hohenbaden), **Ebersteinburg**, in's **Murgthal** nach **Gernsbach**, **Forbach**, **Raumünzach**, **Badener-Höhe**, **Bühlerthal**, **Bühl**, **Steinbach** und Umgebung ziehen. Es ist unsere Aufgabe, in

1

diesem Büchlein nicht allein das viele Schöne und Nützliche, was die weit und breit berühmte, alljährlich immer reicher und geschmackvoller emporstrebende Bäderstadt darbietet, nebst demjenigen, was inmitten des bezeichneten Kreises liegt, zu schildern, sondern auch auf dasjenige aufmerksam zu machen, was in nicht allzu grosser Entfernung ausserhalb dieses Kreises liegt und mit geringer Mühe in halben- oder ganzen Tagesausflügen von Baden aus zu erreichen ist.

Alle Diejenigen, welche die Umgebung Badens genau kennen — es gehören aber viele Monate dazu, um sich solche Kenntniss zu erwerben — werden mit uns übereinstimmen, dass wir ihr die Palme des Ruhms und der Schönheit ertheilen und sie weit über die von Heidelberg und Freiburg stellen, so anmuthig auch diese sind und so vielfältig sie auch von den Bewohnern dieser Orte gepriesen und besungen werden.

(Ich rede hier natürlich nicht von spekulirenden Gastwirthen, welche ihren Hotels die „schönste Lage in Deutschland" anzudichten versuchen.)

Wir kennen nur noch Einen Punkt, wo sich eine grössere Stadt in seiner schönen, manchfaltigen Umgebung mit der von Baden-Baden messen kann — und das ist Salzburg.

Wir besitzen eine anmuthige Schilderung Baden-Badens und seiner Umgebung von dem leider früh gestorbenen Dr. Huhn (Lahr, 1868) und erlauben uns einige Worte daraus mitzutheilen, um nicht allzu vereinzelt als Lobredner dazustehen.

„Wie das Grossherzogthum Baden in Deutschland die schönste Lage hat, so ist die Stadt Baden in der herrlichsten Gegend des Landes erbaut und verdient umsomehr den Vorzug, weil sie auf kleinerem Raum Alles bietet, was man im ganzen Lande in grösserem Maassstabe, aber zerstreut findet. Dem mildesten Himmelsstriche angehörend, am Ausgange des Oosthales in die Ebene, liegen hier üppige Fruchtfelder und Wiesen, während an den Thalseiten Rebhügel, Obstgärten und Kastanienwälder emporziehen und dahinter gewaltige Gebirgsmassen mit jähen, steil abfallenden Seiten und grotesken Formationen sich erheben, so dass man auf einem Umfange von nur wenigen Stunden die reichste Abwechslung findet und Liebliches und Angenehmes mit Erhabenem, Grossartigem, Ergreifendem verbinden kann. Nicht leicht wird eine andere Bäderstadt unserem Baden die Palme streitig machen können (zumal jetzt, wo das neue grossartige Dampfbad, **Friedrichsbad** getauft, Alles derartige an Eleganz, künstlerischem und technischem Schmuck, sowie an sanitätischen Anforderungen übertrifft). Der Ruhm Badens ist nicht durch die Wandelbarkeit der Mode erworben; er besteht bereits über ein Jahrtausend (schon unter Trajan, Hadrian, Antoninus, Caracalla) und wird fortbestehen, wenn nicht die Quellen versiegen und unterirdische Kräfte durch Einsturz der Berge die Gegend in Trümmer schlagen."

Vom Kniebis und der Hornisgrinde (1166 Meter über Meer), den höchsten Bergen des nördlichen Schwarzwaldes, spaltet sich gewissermaassen der Hauptstock in der Nähe der **Badener-Höhe**, zu welcher eine neu angelegte, gute Fahrstrasse führt und wo auf der Höhe ein geräumiges Rast- und Schutzhaus aufgeführt wurde (welches als Grundstock und als Aufmunterung zu einer Luftkuranstalt oder zu sonstigen wirthshäuslichen Unternehmungen angesehen wird), in zwei Arme, von denen der eine zwischen dem Bühler- und Geroldsauerthal fortläuft und als Schlussstein des Oosthals den mächtigen Fremersberg (leider noch immer ohne Aussichtsthurm) aufweist, der andere, der rechte Arm, die Wasserscheide zwischen der Murg und Oos bildet, einen Bogen nach Nordost beschreibt, sich im kleinen und grossen Staufenberg, im Batter und Hartberge erhebt und in niedrigen Vorhügeln endigt.

Fast in der Mitte dieser Gebirgszüge liegt das **Oosbachthal** mit seiner Hauptstadt **Baden.** Der Oosbach, welcher sich bei Lichtenthal mit dem Geroldsauerbach (Grobach) vereinigt, nahm früher diesen Namen erst unterhalb Baden an; jetzt reicht der Name über Unter- und Oberbeuern, Geisbach (wo der Ruhbach einmündet) bis zur Scherrhalde und Kugelau hinauf, wo die grossartige neue Wasserleitung für die Stadt Baden ihren Anfang nimmt. Das Oosthal hat somit eine Länge von etwa 3 Stunden; in der Mitte zeigt es einzelne Wiesengelände zwischen engen Thalhängen, auf der rechten Uferseite zwischen Lichtenthal, Baden und Oos befinden sich sonnige Rebhügel, auf der linken, wo mehrere Thaleinschnitte vorhanden, reicht der Wald fast bis zur Flusssohle. Von Baden abwärts erweitert sich das Thal gegen Oos hin und über die Rheinebene hinaus erblickt man die jenseitigen Vogesen. Vom Dorfe Oos nimmt das gleichnamige Flüsschen einen nördlichen Lauf, bis es bei Rastatt in die Murg mündet.

Von Oos bringt die Eisenbahn fast alle Besucher nach Baden. Während die Bäderstadt sich von der Höhe der alten Gernsbacherstrasse, vom sogenannten Sauersberg, von den Höhen

1*

4

des Beutig, von den beiden Selighöfen (Steinbach-Neuweier-Yburgstrasse), vom Annaberg und selbst von Lichtenthal in voller Pracht und Herrlichkeit zeigt, empfängt man auf dem allgemeinen Verkehrswege von Oos, an Badenscheuern und Oosscheuern vorüber, nur einen schwachen Eindruck von der Schönheit der Gegend, die Baden umgibt. Aber schon beim Austritt aus dem Bahnhofe wird es anders. Amphitheatralisch breitet sich die Stadt aus; an beiden Seiten, von herrlichem Waldesgrün umgürtet, ziehen sich nach West, Süd und Ost, an den Vorhügeln des in malerischen Formen steil abfallenden Batters, sowie an den sanfter sich senkenden Beutig- und Friesenberghalden geschmackvolle Villen empor, beherrscht vom alten und neuen Schlosse und weiter gegen Osten vom grossen Staufenberge, dem sogenannten Merkur, mit seinem Aussichtsthurm und vom kleinen Staufenberge, der nur durch einen sattelartigen Einschnitt von dem grössern getrennt ist, worauf dann bis zum Schlussstein des Fremersberges eine Anzahl von hohen Schwarzwaldbergen folgen, welche das Murgthal bis in die Gegend der Badener-Höhe und des Kniebis begrenzen und begleiten.

Geognostisches von Baden-Baden und Umgebung.

Ueber die geognostischen Verhältnisse unserer Gegend, obschon sie eine Reichhaltigkeit an Formationen darbietet, wie kaum ein anderer Punkt im Lande, müssen wir uns dennoch kurz fassen. Besonders sind die primären Gesteine entwickelt, jedoch ohne Syenit, Basalt, Serpentin. Es umfassen die Formationen des Murg- und Oosthals die Uebergangsgebilde; von sekundären Formationen sind besonders entwickelt das Todtliegende (Rothliegende), der Kohlensandstein mit den analogen Porphyrtrümmergesteinen und von Flötzgebilden der bunte Sandstein, Muschelkalk und schwache Andeutung von Lias (unterstes Glied der Juraformation). Diluvialbildungen sind reichlich vorhanden, während Tertiärformationen fehlen und Alluvionen selten erscheinen. Der Gneis, das Grundgebirge des Schwarzwaldes, tritt vom Sandstein überlagert, oft in massigen Felsgebilden zu Tage, weicht aber an mehreren Stellen dem Granit. (Besonders schön ist er aufgeschlossen in einem Steinbruch am Eingang in die enge Waldstrasse, die zum Geroldsauer Wasserfall führt). Nur theilweise von Porphyr und Gneis unterbrochen, bildet Granit den Grund der Thäler des Oosbaches; das Gefüge desselben ist manchfaltig; thalabwärts verliert der Granit an Reinheit, Härte und krystallinischem Gefüge und geht hie und da in ein Konglomerat über. (Granit bei der Gasfabrik und bei der neuen Fischzuchtanstalt von Gaisbach). Thonschiefer reiht sich mitunter (aber nur selten) an Gneis und es kommen im Oosbach Geschiebe davon vor. Ein Thonschieferbruch befindet sich bei Gaggenau und erstreckt sich Thonschiefer von Gaggenau über das alte Schloss nach Baden. — Glimmerschiefer hinter der Trinkhalle, von wo ein Zug nach der oberen Stadt geht. Die Porphyrformation ist mehr im Oosthal als im Murgthal verbreitet, besonders im mittleren Theile des Oosthals (Yburg 540 Meter), an den Berghalden des Geroldsauerthales bis Lichtenthal, ferner am Balzenberg (Steinbrüche). Prachtvoll ist der seltene Pinit-Porphyr mit deutlichen Krystallen in einem grossen Steinbruch am Cäcilienberg aufgeschlossen. Porphyrbreccien erscheinen im untern Murgthale, erheben sich meist auf den Höhen des Rothliegenden in zackigen, thurm- und mauerähnlichen Massen (bis 90 Meter Höhe), wie z. B. auf der Südwestseite des Badener Schlossberges, bei der Wolfsschlucht u. s. w. Der Kohlensandstein umgibt an mehreren Stellen die Porphyrformation und kann vom Rothliegenden, welches er durchsetzt (Neuweier) kaum scharf getrennt werden. Der Schieferthon des Gebirges enthält mitunter Reste monokotyledonischer Pflanzen, auch vorweltlicher Fische (bei Malschbach). Nur in dünnen Lagen kommt die Kohle, Schwarzkohle, von Anthracit begleitet, vor.

Hinter dem Conversationshause ist schon die Kohlenformation entwickelt; beim Graben eines Eiskellers daselbst wurden Baumstämme von Sigillaria, 20—30 Fuss lang, Farrnkräuter u. s. w. gefunden. Von hier ziehen Steinkohlenbildungen nach Malschbach, Varnhalt. Im Jahre 1792 wurde Kohlenbau betrieben — es heisst, dass 5000 Centner gewonnen wurden — aber aufgegeben, weil die Kohlenschichten in zu grosse Tiefen führten. — Von ähnlicher Beschaffenheit scheint das kürzlich zu Au bei Freiburg entdeckte Steinkohlenflötz zu sein.

Das Rothliegende ist im untern Murgthale und im Oosthale zusammenhängend entwickelt und die Hügel, die es bildet, sind meist abgerundet (Annaberg, Beutig, Sauersberg) und mit Reben, Feldern und Wäldern bedeckt. Mit dem Auftreten von Gneis unter der Formation des Sandsteins wird jene des Rothliegenden wieder mächtiger und erhält den Charakter (Schichtung, Färbung) des rothen Sandsteins. Am weitesten verbreitet ist der bunte Sandstein, welcher die Decke der höchsten Berge (Merkur) bildet und sich über die Wasserscheide des Neckars, in den Odenwald und in's Gebiet der Kinzig, über die Hornisgrinde u. s. w. zieht (bei der Hornisgrinde bildet er einen langgezogenen Hochrücken). Er wird an mehreren Punkten vom Granit durchbrochen. Das Gestein ist in der Regel horizontal geschichtet. Im untern Murgthale zieht es sich, mit hie und da interessanten Dislocationen, bis in die Thalsohle und bis zur Rheinebene hinunter. Die meist abgeplatteten Höhen sind an vielen Punkten mit Torflagern (750—1000 Meter über Meer) bedeckt. Eisenthon durchdringt mitunter ganze Bänke des Sandsteines. (Dendriten im Granit, Porphyr und Buntsandstein, durch Mangan- oder Eisenoxyd-Hydrat gebildet). An den Sandstein schliesst sich der Muschelkalk an, der nur theilweise am westlichen Abhange des Gebirges (am Fuss der Ebersteinburg, im Murgthale aber gar nicht) vorkommt. Die Liasformation ist im Murgthale stellenweise abgelagert; bei Ebenung am Westabhange des Fremersberges fand man im Löss Kalkstücke mit Liaspetrefakten, anderswo, z. B. im Thälchen unterhalb des sog. Jesuitenschlösschens, jetzt Villa Lüdersdorf, in mergeligen, dem Lias angehörenden Lagern Pflanzenabdrücke, Belemniten (Donnerkeile) u. s. w. Den Abfall des Schwarzwaldes in die Rheinebene begrenzt auch bei der Ausmündung des Oos- und Murgthales ein Wall von Löss (Kalk und Sand), der sich oft ziemlich weit hinaufzieht und die Geröllablagerungen (Stromwälle), die sich bis 15 Meter über die Thalsohle erheben, bedeckt. Er enthält eine Menge ealcinirter Landschneckenarten. Reste vorweltlicher Thiere im Löss wurden an mehreren Orten gefunden (1834 bei Oos Reste von Elephanten von grossen Dimensionen, welche sich jetzt im Carlsruher Naturaliencabinet befinden). Die am meisten verbreiteten Alluvialgebilde sind die Torflager auf den Hochflächen, die bis 4—5 Meter Tiefe haben, aber noch lange nicht genug untersucht und, weil der Abbau und Transport zu kostspielig, nicht benutzt sind. Auf der Hornissgrinde z. B. befinden sich ziemlich reiche, abbaubare Torflager.

Lage der Stadt und klimatische Verhältnisse.

Die Stadt Baden liegt bei dem Portale der Stiftskirche (183 Meter über Meer), in deren Nähe die ältesten Ansiedelungen stattfanden, unter 48⁰ 45′ 47″ nördlicher Breite und 20⁰ 54′ 16″ östlicher Länge, ist von allen Seiten, besonders aber gegen Nord und Ost durch hohe Berge geschützt und erfreut sich eines milden, angenehmen Klimas, eines viel milderen als Heidelberg, Carlsruhe, Offenburg, Constanz und andere Kurorte (z. B. Wiesbaden), wesshalb es unbegreiflich scheint, dass die Aerzte, besonders die norddeutschen, ihre Kranken, zumal Baden nach Beseitigung des Spiels eine an Unterhaltung aller Art trefflich organisirte Wintersaison besitzt, die sich mit allen ähnlichen Kuranstalten, besonders was das neue grossartige Friedrichsbad betrifft, diesseits und jenseits der Alpen vollständig messen kann, nicht häufiger hierher senden. Die Ost- und Nordwinde werden durch die Höhenzüge des Batters, Merkurs, Badener-Höhe u. s. w. abgewehrt, Südwinde (Föhn) greifen nur selten über die lange Kette des Schwarzwaldes hinaus; vorherrschend sind die Westwinde, welche theils durch das Oosthal, theils durch die Einsenkung zwischen dem Fremersberg und Yburg (Korbmattfelsen) Eingang finden; sie haben oft Regen und Gewitter, welche letztere aber rasch vorüber zu ziehen pflegen, im Gefolge. Die Nord- und Ostwinde bringen im Winter Kälte bei meist heiterem Wetter. Die Kälte übersteigt im Durchschnitt nicht 12⁰ R. und hält höchst selten lange an. Schon in Oos und in der nahen Rheinebene ist dieselbe viel empfindlicher, als in dem geschützten Oosthale, in welchem Baden liegt.

In der Regel ist es den Schlittschuhläufern in Baden nur wenige Tage vergönnt, auf der künstlich überschwemmten Wiese bei dem Schwimmbade auf dem Wege nach Lichtenthal, diesem Vergnügen obzuliegen. Aehnlich ist es mit den Schlittenfahrten, da der Schnee selten lange liegen bleibt und an vielen Stellen der Stadt, unter welchen Leitungen der heissen Quellen sich befinden, gar nicht haftet.

Die mittlere Jahreswärme wird zu 8⁰ R. angenommen; die Sommerhitze übersteigt selten 25⁰; kühlende Luftströmungen, zahlreiche Quellen und Bäche und herrliche, trefflich gepflegte Waldungen ringsumher, die jedoch in den letzten Jahren an einigen Stellen durch Stürme gelichtet wurden, mildern die Hitze. Die Monate Mai, September und October gehören, was Temperatur und Naturgenuss betrifft, zu den schönsten in Baden. Schneefälle im Oosthal im October gehören zu den seltenen

Erscheinungen und die Hügel und Berge, welche Baden umgeben, haben schon im März ihre Schneedecke abgeworfen; die Wiesen bedecken sich mit frischem Grün und zarten Blumen und die Wälder verkünden mit ihren schwellenden Blattknospen und täglich dichter werdenden wellenförmigen Umrissen das Herannahen des Frühlings. Das milde, gesunde Klima wird durch die Mineralquellen trefflich unterstützt; brustkranke, schwächliche und ältere Personen befinden sich daher, ganz abgesehen von den vortrefflichen Badeinrichtungen und dem überall in Gasthöfen und Privatwohnungen herrschenden Comfort, ganz besonders wohl in Baden-Baden. Denjenigen, welchen im Hochsommer die Hitze zu drückend werden sollte, ist in den städtischen Waldungen des höheren Gebirgs als Luftkurort das einfache, aber recht gute Gasthaus zum Sand, 3 Stunden von Baden, zu empfehlen. Später verwandelt sich vielleicht die Schutzhütte auf der noch höher gelegenen Badener-Höhe (1005 Meter) in eine grössere Luftkuranstalt, wie wir bereits eine solche vortrefflich eingerichtete, im südlichen Schwarzwald zu Höchenschwand, 1010 Meter, besitzen. Dieses würde, wo nicht ein grosser Gewinn für Baden, doch eine wesentliche Erleichterung für Diejenigen sein, welche eine grössere Reise in einen schweizerischen oder andern Luftkurort vermeiden wollen.

Dass die Fruchtbarkeit der nächsten Umgebung von Baden dem milden Klima vollständig entspricht, braucht kaum erwähnt zu werden. Kastanienwälder, ausgedehnte Rebenanpflanzungen befinden sich ringsumher; die meisten Getreidearten gedeihen vortrefflich; hochstämmige Nussbäume, hin und wieder Mandelbäume, stattliche Obst- und Blumengärten erfreuen das Auge; in den Anlagen, in der Nähe des Conversationshauses und der Trinkhalle finden sich seltene ausländische Pflanzen, Bäume, Gesträuche und Blumen (mit zierlichen Namenschildern versehen), die bei gehöriger Pflege dem Winter ungefährdet widerstehen. Die beiden Forstbezirke Baden besitzen einen grossen Reichthum an vortrefflich cultivirten Laub- und Nadelholzwaldungen, 21,246 Morgen, die sich viele Stunden weit erstrecken. Baden besitzt, nächst Freiburg, das grösste Waldeigenthum, 11,611 Morgen. Im Murgthale umfassen die Waldungen 72,977 Morgen, von denen 22,620 dem Staate gehören. Von der Murgschifferschaft, welche ausgedehnte Waldungen besitzt und einen sehr verbreiteten, einträglichen Holzhandel betreibt, wird bei der Erwähnung Gernsbach's die Rede sein. Man nimmt an, dass eine Schifffahrtsgesellschaft schon zu den Zeiten der Römer im Murgthal bestand.

Geschichtliches.

Der geneigte Leser dieses Büchleins wird uns entschuldigen, wenn wir aus hiesiger Gegend gar nichts über die sogenannte Eiszeit, ihre Gletscherbildung und Gletscherschmelzung, über die Steinzeit, über Höhlenbewohner, deren Werkzeuge und Kunsterzeugnisse, oder gar über antidiluvianische Zustände melden. Wir wissen, aufrichtig gesagt, nichts davon, entdeckten auch bis zur Stunde auf unseren vielen Wanderungen noch immer keine Thayinger Knochenhöhle mit künstlichen Gravirungen auf Knochen des Ren u. dgl., was gewissermasen ein Glück zu nennen, weil es uns bei etwaigen Urtheilen darüber nicht·so heftigen Debatten aussetzt, wie solche kürzlich auf der anthropologischen Versammlung zu Constanz stattfanden. Dasjenige, was einige glückliche Finder als Ueberbleibsel einer urweltlichen Zeit in die Sammlungen nach Carlsruhe ablieferten, ist ächt, ächter als z. B. die Gravirungen auf Renthierknochen, welche im Museum zu Schaffhausen als Raritäten vorgezeigt werden.

Betrachten wir jedoch die jetzige Gestalt des Bodens (siehe oben: Geologisches), wandern wir in den Felsen und Steintrümmern des Batters beim alten Schlosse umher, oder prüfen wir die heissen Quellen, so müssen wir auf gewaltige Kräfte, Erdbeben u. dgl. schliessen, welche hier einst, ohne dass gleichzeitig vulkanische Ausbrüche erfolgten, den Boden hoben, sprengten, zertrümmerten. Ein Blick, ein Ausflug in's Rheinthal belehrt uns ebenfalls dass es einst hier ganz anders aussah, dass die Wasserfluthen sich bis an das Gebirge hinandrängten, mächtige Sandbänke absetzten, sich in viele Arme theilten und durch Ueberschwemmungen ganz andere Gestade bildeten, als jetzt vorhanden sind. Schwerlich dürfte in den verloren gegangenen Schriften eines Tacitus, Plinius u. A. über derartige Umwälzungen Auskunft gegeben sein, wie Einige vermuthen und bedauern.

Als älteste, historisch bekannte Bewohner unserer Gegend sind wohl die Kelten zu betrachten, von denen wir in einigen

Todtenhügeln und Niederlassungen Spuren (Werkzeuge, Waffen aus Eisen und Erz) fanden; sogar einige Ortsnamen werden mit keltischem Ursprunge in Verbindung gebracht. Wir können einen gewissen Kulturgrad den Kelten nicht absprechen; sie kannten ohne Zweifel die heissen Quellen und benützten sie. Die Kelten weilten aber nicht lange im Rheinthale; sie wurden durch die Einwanderung östlicher Volksstämme auf das linke Rheinufer vertrieben und hinterliessen nur geringe Spuren ihrer Ansiedelungen in unserer Gegend. Nach ihnen kamen Cimbern, Teutonen und germanische Völkerschaften, zum Stamme der Sueven gehörend; einige Namen (Nemeter, Triboken u. s. w.) derselben und deren Wohnsitze werden von verschiedenen historischen Schriftstellern angegeben. Wir vermessen uns aber in dieser historischen Skizze nicht, das Zeitalter solcher stets wechselnden Niederlassungen zu lüften und daraus Stützpunkte oder Sagen von der Entstehung Badens herzuleiten.

Erst nachdem die Römer den kriegerischen Geist der am Oberrhein wohnenden Stämme gebrochen, eine Art Militärgrenze zur Sicherung ihrer Eroberungen gezogen, Wälle, Verschanzungen, Mauern, Kastelle und Thürme errichtet, Heerstrassen u. s. w. angelegt, tritt in unserer Gegend das Geschichtliche mit einiger Sicherheit auf. Nicht allein die heissen Quellen, sondern die ganze Umgebung Badens mit den aussichtreichen Höhen und vielen Bergvorsprüngen mussten die Römer anlocken. Wahrscheinlich war hier schon vor Trajan eine Militärstation errichtet, welche dieser Kaiser erweiterte und zugleich die Bäder nach römischem Stil einrichten liess. Hadrian und Antonin (117—138) erweiterten und verschönerten dieselben, und später fügte Caracalla grössere Bauten hinzu, welche die Niederlassung immer mehr hoben, so dass sie als Bäderstadt viel besucht wurde. Dem Kaiser wurden Widmungssteine gesetzt und ihm zu Ehren erhielt der Ort den Namen Aurelia, Civitas Aurelia aquensis. Was jeder Einzelne der erwähnten Kaiser für Baden gethan, ist schwer nachzuweisen; es ergeben auch die Funde bei dem Bau des grossartigen Friedrichsbades nichts Zuverlässiges darüber, obschon die Nachgrabungen mit viel grösserer Sorgfalt gemacht wurden, als dies früher von anderen Architekten bei Bauten im neuen Schloss geschehen war. Ohne Zweifel lag das alte römische Kastell auf dem jetzigen Schlossberge. In unmittelbarer Nähe, etwas unter demselben, befanden sich die bequem und vollständig eingerichteten

Bäder, wahrscheinlich von einem Tempel und ansehnlichen Privatgebäuden umgeben, da, wo jetzt die katholische Stiftskirche, das Rathhaus und andere Gebäude stehen, wo Nachgrabungen nicht mehr möglich sind. Auf dem gegenüberliegenden Hügel (Rettigberg) scheint sich die Grabstätte der hier weilenden römischen Legionen befunden zu haben (3. 5. 8. 14. 16. Legion), wie die gefundenen Denkmale beweisen, welche meist in die Sammlungen von Carlsruhe kamen. Römische Denkmale aus dem 3. Jahrhundert fand man ausser Baden noch bei Steinbach, Sinzheim, Oos und einigen anderen Orten, z. B. auf dem grossen Staufenberg (Merkur); von grossem Kunstwerth sind dieselben nicht und desshalb sind die Behauptungen Einiger, dass Baden ein grossartiges römisches Luxusbad gewesen, mit Vorsicht aufzunehmen. Ueber das römische Strassennetz, welches Baden mit Strassburg (Argentoratum), Mainz, Pforzheim, Cannstatt verband, erhellt aus den bis jetzt gefundenen Meilensteinen nichts Genaues. Auch über die Grundmauern der nahen Burgen: Altes Schloss, Yburg, Ebersteinburg, Windeck, ob sie römisch, alemannisch oder mittelalterlich, gehen die Ansichten auseinander. Nach der Ansicht des Herrn Ingenieurs Jul. Næher, welcher sich neuerdings mit solchen Untersuchungen beschäftigte, muss man, dem Grundsatz nach dass die Bauwerke den materiellen und geistigen Bedürfnissen der verschiedenen Culturepochen entsprechen, diese alten Burganlagen für germanische Bauten halten, denn in denselben spricht sich das schmucklose aber stolze Kriegerbewusstsein der mächtigen germanischen Feudalzeit aus (Wartthürme, mächtige Ringmauern und Schildmauern, unterirdische, dunkele Burgverliesse u. s. w.). Die Römer liebten offenere Wohnorte, ihre Kastelle waren geräumig, leichter gebaut und dem Charakter ihrer Offensiv-Kriegführung entsprechend. Nur wenige Bergspitzen unserer Gegend mögen solche Kastelle enthalten haben; jedenfalls wurden dieselben von den Germanen bei ihren Einfällen gründlich zerstört. Dieser Ansicht des Herrn Næher, welcher derjenigen Mone's widerspricht, der für römische Grundmauern schwärmt, stimmt der Verfasser dieses Büchleins vollständig bei.

Die Alemannen zerstörten die aufblühende Bäderstadt und viele andere römische Niederlassungen. Die Alemannen unterlagen den Franken, welche die Besiegten schonten; es wurde die Grenze zwischen Alemannien und Franken bei Baden an

der Oos gezogen und nicht an der Murg, welches nicht ohne
Grund dahin gedeutet werden kann, dass auch die Franken
den Werth der heissen Quellen zu schätzen wussten. Baden
wurde nach der neuen Gaueintheilung dem Uffgau einverleibt.
In dieser Zeit kam das Christenthum immer mehr in Aufschwung
und man behauptet, dass schon im 7. Jahrhundert eine christliche Kapelle in Baden gestanden und bezieht die Sage von
der Engels- und Teufelskanzel auf den Kampf des Christenthums mit dem einheimischen alten Glauben.
Urkundlich wird jedoch Baden erst im Jahre 712 (1. Aug.)
genannt, wo König Dagobert Baden und die Bäder des Uffgau
mit vielem andern Besitz dem Kloster Weissenburg schenkte,
das dadurch festen Fuss auf dem rechten Rheinufer fasste und
seinen Güterbesitz wesentlich vermehrte. Die Grafen von Calw,
ein ansehnliches, weitverzweigtes Geschlecht, welches ebenfalls
hier Besitz hatte und dem Kloster die geschenkten Güter nicht
gönnte, verstanden es, sich derselben zu bemächtigen, zumal in
dieser Zeit das Ansehen der fränkischen Herrschaft gesunken
war und viele Vasallen nach Unabhängigkeit strebten. Freilich
wurde der Besitz 871 an Weissenburg zurückgegeben, aber er
blieb ihm nicht lange, denn mit der Besitzergreifung des Uffgaus
ging auch Baden wieder in den Besitz der Grafen von Calw
über. Die deutschen Könige besassen in Baden mehrere Kam-
mergüter und wir ersehen aus Urkunden, dass König Otto III.
welcher längere Zeit in Baden verweilte und hier eine Urkunde
für das Kloster Schwarzach ausstellte, im Jahre 987 ein solches
Gut an einen Günstling verschenkte. In den Jahren 1046 und
1101 fanden andere Gutsabtretungen der Kaiser an das Bis-
thum Speyer statt (Herrengut, Krippenhof, Pfalzenberg?).
Die Grafen Calw bildeten ein mächtiges Geschlecht, das
sich in mehrere Aeste theilte und den Besitz weithin ausdehnte.
Ohne Zweifel war die Grundlage der späteren Markgrafschaft
Baden Calwisch-Uffgauisches Erbgut. 1086 wurde Baden durch
Judith, Tochter eines Grafen Adelbert, welche sich mit dem
Markgrafen Hermann, dem Sohne Berthold's des Bärtigen von
Zähringen, vermählte (vgl. Geschichte der Grafen von Eber-
stein, von Krieg von Hochfelden), Besitzthum des jüngeren
Zweiges der Zähringer. Damals scheint Baden noch ziemlich
unbedeutend gewesen zu sein; erst 1112 erscheint Hermann II.,
der früher die Bezeichnung „von Lintpurc" (Limburg) führte,
als Herr „von Baden". Ueber das Alter der Burg von Hohen-

baden gehen die Ansichten auseinander; wahrscheinlich begann der Bau derselben im Jahre 1102 unter Markgraf Hermann II. mit Benützung der vielleicht römischen Ueberreste daselbst. (Vergl. unten Schilderung von Hohenbaden.) Hermann IV. war der erste Markgraf, der auf der Burg seinen beständigen Wohnsitz nahm, wodurch der Ort wesentlich gehoben wurde. Die Erbauung der Stiftskirche fällt in das Jahr 1243; Baden bildete aber schon viel früher eine Pfarrei. Nachdem die Wittwe Hermann's V., Irmengard, das Cisterzienserkloster Lichtenthal gestiftet, schenkten die Markgrafen Hermann VI. und Rudolf I. den Pfarrsitz an diese Stiftung. Obschon Rudolf I. vom Schlosse zu Baden nach Alt-Eberstein zog, so scheint er doch, ebenso wie seine Vorgänger, Manches für die Bäder und besonders die Befestigung der Stadt gethan zu haben, denn sonst wäre die Stadt im Jahre 1330 nicht im Stande gewesen, dem Angriffe des Bischofs Berthold II. von Strassburg erfolgreichen Widerstand zu leisten. Im Jahre 1453 wurde die Pfarrkirche in ein Collegialstift umgewandelt. Dass die Gemeinde Baden damals schon ziemlich bevölkert war, erhellt aus dem Umstande, dass man 22 Geistliche aller Art, darunter 9 Vikarien, zählte.

Am Schluss des 15. Jahrhunderts, nachdem das städtische Gemeinwesen mehr emporgeblüht, der Adel weniger fehdelustig, die Sitten überhaupt milder geworden, gaben viele Burgritter ihre einsamen rauhen hochgelegenen Wohnungen auf und zogen in die mehr in der Ebene gelegenen Städte. 1479 bezog Markgraf Christof das von ihm, mit Benützung der alten Mauern erbaute neue Schloss, hob das städtische Gemeinwesen, fügte den alten Gerechtsamen neue hinzu, verbesserte die Badeanstalten, veranstaltete allerlei Festlichkeiten, zog Aerzte und Gelehrte heran, so dass bald zahlreiche Fremde, darunter auch fürstliche Personen erschienen, von denen einige, z. B. Pfalzgraf Heinrich Otto, Wohnungen und Logirhäuser (*zum Trompeter, zum Vogel Greif* u. s. w.) erbauten. Baden soll damals 3000 Kurgäste gezählt und 12 Badehäuser mit 389 Badekästen gehabt haben; etwa 12—15 Gasthäuser (darunter *Baldreit* [Baldreich, Balderich?] *Salm, Ochs, Spiess, Löwe* u. s. w.) beherbergten die Gäste. Das Badhaus: *„zum Ungemach"* war damals das eleganteste; das markgräfliche oder Fürstenbad lag auf dem Marktplatze, hatte vier Badekabinette, Wasser aus der Hauptquelle und durfte von fremden fürstlichen Personen benutzt werden. Aber auch ein Armenbad, Bürgerbad, Gutleutbad, Spitalbad u. s. w. waren vorhanden. Die Kurgäste waren wirkliche Kranke und kamen der Bäder wegen, nicht des Vergnügens oder des Spiels wegen nach Baden; das Trinken des Wassers war damals noch unbekannt.

Eine Buchdruckerei wurde 1511 durch Reinhard Beck aus Strassburg hier gegründet. Markgraf Christoph machte sich auch durch polizeiliche Verordnungen („Polizeibrief" 1510) um geordnete Verhältnisse in der Stadt und Umgegend verdient. Im Jahre 1551 richtete die Pest auch hier Verheerungen an; viele Einwohner flohen; man liess das heisse Wasser durch die Strassen der Stadt fliessen und erbaute in Scheuern, wo das letzte Opfer an dieser Seuche gefallen war, eine Kapelle (Drei-Eichenkapelle); mancherlei Sagen knüpfen sich an diese Periode. Ein Bild in der Trinkhalle erinnert an eine derselben.

Die Reformation, welche sich weithin in Süddeutschland verbreitet hatte, fand auch unter Bernhard III. und Philibert Eingang in Baden, wo Thomas Anshelm dieselbe eifrig förderte; Philipp II. jedoch, in München bigott erzogen, führte die katholische Lehre mit Gewalt wieder ein. Dieser Fürst baute das neue Schloss mit Pracht und Luxus aus, stürzte sich aber dabei in Schulden. Unter seinem Nachfolger Fortunatus, der ebenfalls den Protestanten feindlich gesinnt war, fand 1589 auf dem Rathhause ein Religionsgespräch statt, welches ohne Erfolg blieb und nur noch mehr erbitterte. Nach seinem Tode wurde Baden von Georg Friedrich von Baden-Durlach in Besitz genommen, weil die Kinder der Ehe des Fortunatus als Sprösslinge einer Missheirath für erbunfähig erklärt worden waren. Die trüben Schicksale Georg Friedrich's, welcher vergeblich für Baden zu wirken suchte, hatten die Wiedereinsetzung der Kinder des Fortunatus nebst grosser Spannung der beiden Linien zur Folge und zugleich die strenge Handhabung der katholischen Lehre; 1631 wurde das Kapuzinerkloster dicht vor der Stadt (jetzt *Badischer Hof*) gegründet und man übertrug Jesuiten aus Speyer die Leitung des Gymnasiums, welche auf die bekannte finstere, traurige Weise wirkten. Während des 30jährigen Krieges erlebte auch Baden wechselreiche Schicksale, deren Schilderung uns hier zu weit führen würde. Jesuiten und Kapuziner verschwanden auf einige Zeit und 1633 hielt der erste lutherische Prediger Gottesdienst in der Stiftskirche. Im Jahre 1642 litt Baden mit Umgebung (Gernsbach, Steinbach) durch die Truppen des Herzogs Bernhard von Weimar bedeutend, ferner durch Schweden, Franzosen, zügellose Banden und fortwährende Durchzüge. Die Verluste, welche Baden bis 1648 erlitten hatte, waren schwer zu ersetzen und schon 1672 brachte ein neuer Krieg (pfälzisch - orlean'scher) schweres Ungemach über die ganze Rheingegend. 1689 litt Baden durch ganz unerhörte Plünderungen und Mordbrennereien der Franzosen unter Duras; viele Gebäude (Schloss, Stiftskirche, Jesuitenkollegium, Frauenkloster, Kapuzinerkloster u. s. w.) gingen in Flammen auf. Der grösste Schreckenstag war der 24. August 1688, an welchen viele Jahre hindurch eine Prozession die Bürger erinnerte. — (Der Besuch zahlreicher Franzosen während der Hazardspielzeit unter Benazet und Dupressoir, welche grosse Summen nach Baden brachten, milderte einigermasen diese trüben historischen Erinnerungen, doch konnte man sie nicht ganz verwischen; sie tauchten in den Jahren 1870 und 1871 aus leicht begreiflichen Gründen und Besorgnissen wieder lebhaft empor).

Zu solchen Schlägen, von denen sich Baden nur schwer erholen konnte, trat bald darauf (1709) der Umstand hinzu, dass der Markgraf Ludwig seine Residenz nach Rastatt verlegte (wo er sich ein Schloss nach dem Muster desjenigen von Versailles erbauen liess), obschon die Markgräfin Sibylla Augusta das Schloss wieder hatte aufbauen lassen. Baden gerieth durch den Wegzug des Hofes und den schwachen Besuch der Bäder in nicht geringe Bedrängniss. Mit dem Tode des Markgrafen Karl August von Baden-Baden jedoch fiel nach dem Erbschaftsvertrag das Land an Baden-Durlach, dessen edler Fürst Karl Friedrich nach besten Kräften bemüht war, überall zu helfen und die schweren drückenden Zeiten in Vergessenheit zu bringen. Er hatte mit grossen (politischen, kirchlichen und socialen) Hindernissen zu kämpfen und es währte lange, bis die Bäder wieder in Ruf und Ansehen kamen. Viele Badhäuser waren schon während des 30jährigen Krieges und durch die Franzosen zerstört worden. Zur Wiederbelebung Baden's trugen französische Emigranten Vieles bei. Das Moreau'sche Corps brachte Baden keine wesentlichen Verluste bei, obschon es fechtend einzog (1796). Der Congress zu Rastatt führte viele reiche, vornehme Fremde nach Baden und der Ruf der Heilquellen und der herrlichen Umgebung verbreitete sich immer mehr. Man begann die Badanstalten zu verbessern, baute eine Antiquitätenhalle

(1802; längst wieder eingegangen, nachdem die Antiquitäten nach Carlsruhe verbracht) und sorgte durch die Presse für weiteres Bekanntwerden der reizenden Bäderstadt. Im Jahre 1808 verlegte man das Lyceum nach Rastatt und richtete das Jesuitencollegium zu einem Gesellschaftslokale mit Spielbank ein (der Spielbankunternehmer Chabert zahlte damals 30,000 Gulden Pacht); zu einem Gesellschaftshause eignete sich dieser Platz wegen der Nähe der Badequellen und der Trinkhalle (d. h. der damaligen). Der grosse Zufluss von Fremden, der in den folgenden Jahren stattfand, veranlasste 1822 die Erbauung des schönen neuen Conversationshauses, welches wir später schildern werden. Das fortwährende Zuströmen von reichen Fremden aus aller Herren Ländern und aus verschiedenen Welttheilen machte Baden bald zu einem Luxusbad, zu einem Stelldichein der vornehmen Welt, welche Vergnügungen aller Art, besonders das Hazardspiel liebte, nebenbei sich an der herrlichen Umgebung erfreute und auch in Krankheitsfällen die Bäder benützte. Das eigentliche Kur- und Badeleben mit dem einfacheren gemüthlichen Gesellschaftston trat durch den sich mehrenden Luxus und die damit verbundene Theuerung immer mehr in den Hintergrund. Die Gasthäuser vermehrten sich, wurden von Jahr zu Jahr eleganter, Privatbauten und neue geschmackvolle Gebäude erhoben sich in der Stadt, Villen in der nächsten und auch in entfernterer Umgebung, bequeme Spaziergänge, besonders in den herrlichen Wäldern ringsumher wurden angelegt, kurz, es wurde Alles gethan, um den Fremden den Aufenthalt angenehm zu machen. Dass diese Bestrebungen bis zur heutigen Stunde mit rühmlichem Eifer fortgesetzt werden, braucht wohl kaum erwähnt zu werden.

Ganz besonders war es Grossherzog Leopold, welcher für die schöne Bäderstadt, die er schon vor dem Antritt seiner Regierung liebgewonnen hatte und alljährlich besuchte, grosse Sorgfalt an den Tag legte, die Kunst auf sinnreiche Weise mit der Natur verband und die Denkmale seiner Vorfahren schützte. Nicht weniger lebhaft interessirt sich der jetzt regierende Grossherzog Friedrich für Baden-Baden; er besuchte im letzten Herbst (1877) die Stadt auf mehrere Wochen, besichtigte Alles mit grosser Theilnahme und Sorgfalt und drückte ganz besonders seine Freude über die Vollendung des prachtvollen, nach ihm getauften Friedrichsbades aus, welches einzig in seiner Art dasteht und an und für sich schon einen Besuch Badens reichlich lohnt.

Ueber die verschiedenen Bauten und Verschönerungen der Bäderstadt erhält der Leser in unserem Büchlein an geeigneter Stelle weiteren Aufschluss. Es muss jedoch angeführt werden dass die späteren Spielpächter Benazet und Dupressoir, welche Pachtsummen zahlten, die ihrem grossen Gewinn vom Hazardspiel entsprachen, ausserordentlich viel für die Verschönerung Badens und seiner nächsten Umgebung thaten, theils allein, theils von den Behörden unterstützt. Wir erwähnen hier vorläufig: Promenaden, Erweiterung und Verschönerung des Conversationshauses, Erbauung der Trinkhalle (1839), Einrichtung eines vortrefflichen Kurorchesters mit Herbeiziehung hervorragender Künstler, Herstellung der Wettrennbahu in Iffezheim und Einführung der Wettrennen (1858), Bau eines eleganten Theaters (Eröffnung desselben 1862), Korrektion der Oos, welche wesentliche Veränderungen (Beseitigung von Mühlen) zur Folge hatte. (Diese Korrektion wurde nicht allein aus Verschönerungsgründen bewerkstelligt, sondern auch aus Besorgniss vor Wiederholung verwüstender Ueberschwemmungen, wie solche z. B. in den Jahren 1824 und 1851 stattgefunden hatten.) Es folgten seit dem Jahre 1838 und ganz besonders noch 1849 Verschönerungen auf Verschönerungen. Im Jahre 1842 liess der Grossherzog das Innere des alten Schlosses restauriren; das neue grossherzogliche Schloss wird fortdauernd sowohl in den innern Gemächern als in den Gartenanlagen geschmackvoll ausgestattet. 1864 wurde die evangelische Kirche eingeweiht und 1876 der zierliche Bau vollendet, 1866 wurde die griechische Kapelle eingeweiht, 1867 die englische Kirche; Villen erhoben sich ringsumher. Von dem Friedrichsbade, der Sturdza-Kapelle, der neuen grossartigen Wasserleitung u. A. werden nähere Schilderungen folgen.

Es kann hier nicht unsere Aufgabe sein, die Entwickelung Badens, sowie seine jüngste Glanzperiode ausführlich zu schildern; diese Glanzperiode erreichte ihren Höhepunkt zwischen 1865 und 1870. Was aber an äusserem Glanz gewonnen wurde, ging theilweise an innerem Gehalt verloren; das herrliche Geschenk der Natur, die heissen Quellen wurden mehr oder weniger vernachlässigt, das Hazardspiel übte die Hauptanziehungskraft und das, was sich daran knüpfte, schreckte Manche von dem Besuche der herrlichen Bäderstadt ab. Man kündigte den Spielpacht schon 1867, verlängerte ihn aus besonderen Rücksichten noch auf 3 Jahre, bis endlich der vollständige Schluss 1872 erfolgte.

Die Kriegsereignisse der jüngsten Zeit, 1870 und 1871, sind bekannt. Die Bäderstadt blieb an Wohlthätigkeitsspenden und Opfern hinter keinem andern Ort zurück und die heissen Quellen bewährten den Ruf ihrer Heilsamkeit an sehr vielen Verwundeten, die hier sorgsame Pflege fanden. Wenn nun auch in Folge der Kriegsereignisse und des Aufhörens des öffentlichen Hazardspiels viele Fremde den früher vorzugsweise gern besuchten Kurort einige Zeit hindurch mieden, und die Periode einer vollständigen Umwandlung des Badelebens, sowie die Uebertragung der bisherigen, meist von den Spielpächtern geleisteten Unterhaltungskosten des Ganzen auf den Staat und die Stadt, grosse Besorgnisse einflössten, so ist doch gegenwärtig diese Uebergangszeit glücklich überwunden. Baden zählte im Jahre 1877, 39,860 Besucher (1868 und 1869 freilich 56,000) darunter viele Elsässer wie früher, auch mehrere Franzosen, und es ist zu hoffen dass bei den alljährlich freundlicher sich gestaltenden nachbarlichen Verhältnissen, diese Besucher sich ansehnlich vermehren werden. Baden-Baden besitzt jetzt eine, von Jahr zu Jahr mehr besuchte Wintersaison und das städtische Kurcomité thut alles Mögliche um den Gästen den Aufenthalt angenehm zu machen; es siedeln sich auch nach dem Aufhören des Spiels immer mehr wohlhabende Fremde, wie der Bau zahlreicher neuer Villen beweist, in der Bäderstadt an. Früher sah Baden fast nur gesunde Vergnügungsgäste, jetzt, nachdem das schöne Geschenk, welches die Natur dieser Gegend spendete, wieder zu Ehren gebracht, ziehen auch immer mehr Kurgäste hierher um die vorzüglichen Eigenschaften der Thermalquellen und die Einwirkung des milden Klimas zu erproben. Der Ton, welcher gegenwärtig herrscht ist ruhig, angenehm, gesellig geworden und das Leben keineswegs theurer als in Heidelberg, Carlsruhe, Freiburg, Constanz. Selbst während des stärksten Besuches der Bäderstadt lebt der Fremde hier billiger als in Rippoldsau (über die enormen Preise daselbst wird allgemein geklagt), einigen Renchthalbädern, Badenweiler, Wildbad, Wiesbaden. Der Ruf der Theurung entstand durch das Hazardspiel, wo viele Spieler den leicht erlangten Gewinn mit vollen Händen verschleuderten und andere ihrem Verluste noch das Letzte nachwarfen. Man ist jetzt von vielen Seiten bemüht billigere Preise, besonders für Wohnungen, einzuführen.

So stellt sich denn heraus dass viele Befürchtungen übertrieben waren, zumal das Spiel gleichzeitig in allen übrigen deutschen Bädern aufgehoben wurde. Die heilbringenden heissen Quellen mit ihren eleganten und überaus zweckmässigen Einrichtungen, das milde Klima, die Manchfaltigkeit der Zerstreuungen und Unterhaltungen (Concerte, Lesezimmer u. s. w.), die wundervolle Umgebung, der in den Gasthöfen und in den Privatwohnungen herrschende Comfort wird Baden stets den ersten Rang unter allen deutschen Kurorten sichern. Weder Hazardspiele noch Pariser Sitten und dergleichen werden vermisst werden.

Eisenbahn und Landstrasse von Oos nach Baden-Baden.

Rundgang durch die Stadt.

(Dieser Rundgang ist denjenigen empfohlen, welche nur einen kurzen Aufenthalt machen; sie mögen sich des beigegebenen Stadtplanes bedienen.)

In 8—10 Minuten führt uns von Oos die Eisenbahn in einer fast geraden Linie nach Baden-Baden, die Landstrasse in einer halben Stunde zu Wagen und in einer Stunde zu Fuss. Beide Wege führen in der Nähe des Oosbaches aufwärts, bieten aber nichts dar, was besonders hervorgehoben werden dürfte, denn die Schönheit der Umgebung entwickelt sich erst oberhalb der Stadt und seitwärts von derselben. Von Oos aufwärts erscheint rechts die durch den Wald nach dem sog. Jagdhause führende Strasse, links eine Ziegel- und Cementfabrik und der Weg der nach dem Dörfchen Balg führt. Dann* folgt links der Ort Badenscheuern mit der alten Dreieichenkapelle, Steinbrüchen, Fusswegen nach Balg und den vielbesuchten Gasthäusern: *Anker* und *Schiff*. Rechts am Saum des Waldes, durch welchen der beliebte und zugleich nächste (von Baden) Fussweg nach dem Jagdschloss führt, erscheint die stattliche neue Villa Lüdersdorff, auf dem Grund des niedergerissenen sog. Jesuitenschlösschens erbaut, an welches sich wechselvolle Schicksale und unliebsame Erinnerungen knüpfen. Links gegenüber erscheint die Häusergruppe von Dollen am Saum des herrlichen Waldes gelegen, durch welchen viele, mit Wegweisern versehene Wege über Keller's Bild nach Rothenfels, Gaggenau, Hohen-Baden (altes Schloss) u. s. w. führen. Bei Oosscheuern mehren sich die Villen rechts und links, mit Gartenanlagen *(Gambrinusgarten)* u. s. w. und in der Nähe des Schiesshauses, der Augen-

2*

heilanstalt (unter der trefflichen Leitung des Dr. v. Hoffmann), dem Gasthofe zum *Bayerischen Hof* gegenüber, ist der Bahnhof erreicht, welcher, obschon mit Anbauten versehen, immer noch viel zu klein ist um dem Zudrang der Besucher der Bäderstadt während der Sommermonate, zu genügen. Auch fehlt leider bis zur Stunde ein Café mit einfachem Restaurant, was ganz besonders von denjenigen Touristen unangenehm empfunden wird, die mit den Frühzügen abreisen und ankommen.

Vom Bahnhofe aus empfehlen wir als **Rundgang** bei ganz kurzem Besuch Folgendes: Man schreite an dem Gasthofe *Stadt Baden*, an der Villa Koch und dem *Badischen Hof* vorüber durch die schönen Anlagen zur Trinkhalle, besichtige die Fresko-gemälde (Sagenkreis der Stadt und der Umgebung) derselben, sowie die innern Räume, die treffliche Kaiserbüste (von Bildhauer Kopf) vor der Trinkhalle, gehe dann zum Conversations-hause, wo wiederum das Innere mit den reich dekorirten neuen Sälen sowie die Umgebung zu betrachten ist. Von hier steige man zur reich ausgestatteten Sturdza-Kapelle empor, gehe am neuen Wasserbehälter vorüber zum Burgschlosse des Fürsten Solms (Eintritt leicht zu erhalten), von hier bis zum Kruzifix am Beutig und wandere dann die neue, mit prächtigen, ge-schmackvollen Villen besetzte Kaiserstrasse hinab zur Werder-strasse, wo sich das Atelier des Bildhauers Kopf, das Messmer'sche Haus (Sommerwohnung bei den Besuchen des Kaisers und der Kaiserin) befindet und ringsumher ein Kranz stattlicher Villen sich dem Auge darbietet. Auf diesem Spaziergange erhält man einen weiten Ueberblick, nicht allein auf die Stadt, sondern auch auf die reiche Umgebung bis zu den höheren Bergen in der Nähe der Badener Höhe, des Murgthals und über dasselbe hinaus. Dieser Ueberblick wird vervollständigt, wenn man vom Kopf'schen Atelier am Kurmusik-Kiosk, an den reich ausgestat-teten Verkaufsbuden am Promenadeplatz und am Theater vorüber durch einen Theil der Anlagen zur neuen protestantischen Kirche (villenreiche Umgebung), dann durch einen Theil der Lichten-thaler- und Sophienstrasse zum neuen grossartigen Dampfbade, dem „Friedrichsbade“ wandert. Eine Besichtigung desselben als erste Sehenswürdigkeit der Bäderstadt ist ganz besonders zu empfehlen, denn dieses Bad nimmt unter allen ähnlichen An-stalten Deutschland's jetzt wohl den ersten Rang ein. Ein Mittagessen kann in einem beliebigen Restaurant in der Nähe eingenommen werden. Alsdann wird ein Wagen nothwendig

zum Besuche der oberen Stadt, der Stiftskirche, des neuen
Schlosses mit den Gartenanlagen und der herrlichen Ruine des
alten Schlosses (gute *Restauration*). Wieder in die Stadt zurück-
gekehrt, wird immer noch Zeit bleiben um einen kurzen Besuch
in Lichtenthal (vom Cäcilienberg sehr schöne Aussicht) zu
machen und Abends dem Concert vor oder in den Sälen des
Conversationshauses eine Zeit lang beizuwohnen. Die Abend-
und Nachtzüge führen dann von Baden und Oos nach allen
Richtungen weiter. Es ist nach obiger Anleitung in Einem
einzigen Tage, vorausgesetzt dass man früh ankommt und spät
abfährt, möglich, ein Bild Badens in sich aufzunehmen, das
jedenfalls zu einem späteren längeren Besuche anregen muss.

Die Stadt. Sehenswürdigkeiten. Oeffentliche und Privatgebäude. Gasthöfe u. s. w.

Am Bahnhofe fehlt es nicht an Fuhrwerk und hülfreichen
Händen aller Art. Alles hat einen fest bestimmten Tarif; wir
verweisen auf Anhang I.

Man hat die Wahl zwischen sehr vielen grossen und kleinen
Gasthöfen, deren Preise je nach der Einrichtung und den An-
forderungen der Kurgäste und Reisenden sehr verschieden sind.
Auch *Privatwohnungen*, einfache und andere, mit grosser Eleganz
und Bequemlichkeit eingerichtet, sind in Menge vorhanden.
(Auskunft hierüber erhält man im Bureau von *C. Wild* senior,
Langestrasse 74).

Zu den *Gasthöfen ersten Ranges*, die mit dem besten
Comfort ausgestattet sind, zählen: *Englischer Hof* mit Garten,
am Promenadeplatz. *Europäischer Hof* mit Garten, der Trink-
halle gegenüber. *Holländischer Hof* mit Garten am Leopolds-
platz; in Verbindung mit diesem Gasthofe steht die für ganze
Familien und einzelne Personen eingerichtete Pension *Beau
Séjour*. *Hôtel Victoria* am Leopoldsplatz. *Badischer Hof* am
Eingang zu den Promenaden, mit Garten, Bädern u. s. w.
Russischer Hof am Promenadeplatz mit Garten. *Französischer
Hof* mit Garten, Luisenstrasse. Auf dem Wege nach Lichtenthal
(Lichtenthaler Allee) sind als Gasthöfe ersten Ranges zu nennen:
Stephanienbad mit Bädern und Garten, *Bellevue* mit Garten;

auch befindet sich hier das mit allem Comfort eingerichtete Gesellschaftshaus der einheimischen und fremden Sportsmen, des sog. Internationalen Clubs. Auf die genannten Gasthöfe folgen die ebenfalls vortrefflich eingerichteten: *Zähringer Hof* mit Bädern und grossem Garten. *Hirsch* mit Bädern und Winterpension. *Petersburger Hof* mit Bädern und Winterpension. *Darmstädter Hof* mit Bädern. *Baldreit* mit Bädern (ältestes Badhaus) und Pension. Gasthof zum *Stern*. Gasthof zur *Stadt Baden* in der Nähe des Bahnhofes. *Bayerischer Hof* mit Restaurant und Gartenwirthschaft, dem Bahnhof gegenüber. *Deutscher Hof. Hotel Müller. Schwan. Hotel Oberst* mit Pension. *Drei Könige* mit Restaurant. *Krone* mit Restaurant. Israelitisches *Gasthaus von Hirsch-Herz. Rheinischer Hof. Stadt Strassburg* mit Restaurant. *Hôtel Friedrichsbad*, vormals Engel, mit Bädern. *Pariser Hof. Stadt Nanzig*. Ferner: Gasthaus zum *Salmen. Löwe. Geist. Rose*, billiger Pensionspreis. *Grüner Baum* (die letztgenannten in der Nähe des Friedrichsbades und mit Pension). Ausser den eben genannten sind noch mehrere kleinere, mit Wein- und Bierlokalen verbundene Gast- und Logirhäuser vorhanden, s. u.

Privatwohnungen, sowohl ganze Häuser, als einzelne Stockwerke und Zimmer, elegant oder einfach eingerichtet, sind in Menge vorhanden, z. B. *Hôtel garni Messmer* (neben dem Conversationshause; Absteigequartier des Kaisers und der Kaiserin). *Beau-Séjour von A. Rössler. Hôtel garni von Jörger* (Stahlbad) mit Fluss-, Stahl- und Mineralbädern. Haus *Reicherl* in der Sophienstrasse. Haus *Rausch* in der Langenstrasse. Villa *Schömer* in der Nähe des Bahnhofes. Haus *Siefert*, Langestrasse 80. Frau Dr. *Schevé* ebendaselbst u. s. w.

Restaurants und Cafés. *Conversationshaus* (jetziger Pächter Saur). *Mangin. Petersburger Hof. Drei Könige. Geschwister Zerr* in der Sophienstrasse. *Restaurant Royal. Stadt Strassburg. Stadt Carlsruhe. H. Grosholz Wwe. S. Kaufmann* (israelitische Restauration). *Schelling. Leile. Ritter. Stadt Paris. Fortuna.* Ausserdem eine beträchtliche Zahl von Kostgebereien, wo auch Speisen in Privatwohnungen abgegeben werden, z. B. *Schneider, Vogl, Moppert, Freundt*. Restaurants und Cafés vor der Stadt und in deren Umgebung, s. u.

Weinhandlungen. *Joseph Maier zum Goldenen Kreuz.* (Grosse Auswahl von reinen einheimischen und fremden Weinen; Restaurant für Frühstück und Abendbrod; Vereinigung der meisten Fremden). *Hoffmann zu den Drei Königen. Stambach zum Petersburger Hof. H. Weber* (Wein und Liqueur). *Gebrüder Wolff. Max Friton zum Anker in Scheuern bei Baden* u. s. w. **Bierbrauereien.** *Bletzer. Kneller. Leile. Thiergärtner* (Fortuna). *Haug.* Ausser diesen Brauereien **Bierwirthschaften** in grosser Zahl, z. B. bei *Schelling*, im *Petersburger Hof, Stadt Strassburg, Stadt Nanzig, Gasthaus zur Rose, zum Schlossberg,* in der *Krone*, in der *Stadt Carlsruhe, zum Bock,* im *Elsässer Hof,* im *Merkur*, im *Grünen Hof*, im *Goldenen Fass* (Dörrer), bei *Schwendemann* u. s. w. Ausserdem mehrere Bierwirthschaften in der Nähe der Stadt, s. u.

Delikatessenhandlungen. *A. Gaus* (reiche Auswahl; auch Weine). *Reichert. Messmer. Wingler. Fl. Kühn. Billmann. Rössler. Wolff. Kölblin.*

Conditoreien in ansehnlicher Zahl, aber sämmtlich mit sehr beschränkten Räumlichkeiten und leider bis jetzt (mit Ausnahme von *Zabler*) ohne Abgabe von Kaffee, Thee, Chocolade wie in andern grossen Kurorten. Zu nennen sind: *Schababerle, Glattacker, Dilzer, Zabler* (mit Feinbäckerei und Kaffeegarten), *Kah, Essenwein.* Eis meist theuer; billig und gut in der Conditorei und Gartenwirthschaft *zur Fortuna.*

Es sei hier bemerkt dass die meisten Besucher Badens, besonders diejenigen, welche Karlsbad und Kissingen kennen, über den Mangel eines schattig gelegenen Café in der Nähe der Promenade und der Trinkhalle klagen. Nach Lichtenthal, nach der Molkenanstalt, ins Schützenhaus, auf den Annaberg, den Schlossberg oder gar aufs alte Schloss zu wandern, ist Vielen zu weit und vor dem Conversationshause wird man schon am frühen Morgen von der Sonne belästigt. Es sind auf den herrlichen Promenaden nach Lichtenthal und hinter dem Conversationshause im schattenreichen Walde anmuthige Plätze in Menge vorhanden, welche sich hier, wie in Karlsbad, Marienbad, Kissingen u. s. w., vortrefflich zur Anlage eines Café und Frühstücklokals eignen würden.

Was die Preise für Wohnungen, Kost u. s. w. betrifft, so haben wir bereits bemerkt dass diese nach den verschiedenen Ansprüchen sehr verschieden sind. Im Winter sind die Wohnungspreise, obschon die Wintersaison von Jahr zu Jahr mehr in Aufnahme kommt, hier billiger als z. B. in Heidelberg und Freiburg; sie betragen in der Regel nur ein Dritttheil von den Sommerpreisen zur Zeit des stärksten Besuchs der Bäderstadt, wo Festivitäten aller Art sich drängen. Wer einen längern, z. B. einen Jahresaufenthalt nimmt, thut gut einen Jahreskontrakt zu machen. Uebrigens findet man auch in Baden-Baden,

besonders in Lichtenthal, gute Zimmer, selbst während der hohen
Saison, zu 10—15 Mark wöchentlich, Frühstück zu 50 Pfg.,
Mittagessen ohne Wein in vielen der oben genannten Gasthöfe
und Gasthäuser zu 1 Mark 50 Pfg., 2—4 Mark; bei den sogenannten Menage-Köchinnen noch billiger. Der leidige Unterschied der Preisforderungen für durchreisende Fremde, für
ansässige Fremde und für Einheimische verschwindet gleich der
Zahl derjenigen, welche die zur Hazardspielzeit üblichen Preise
aufrecht halten wollen, immer mehr. Baden-Baden wird von
Jahr zu Jahr gleich andern Orten des Schwarzwaldes immer
mehr ein Ort auch für Leute, welche von gethaner Arbeit ausruhen und zu neuer sich stärken wollen, welche aufregende und
sonstige, Körper und Geist schwächende Einwirkungen zu vermeiden wünschen. Unsere Bäderstadt hat aufgehört, einzig und
allein ein Luxusbad, ein theurer Vergnügungsort für die müssige,
reiche und vornehme Welt mit ihrer oft abenteuerlichen Ver-
schwendungslust zu sein. Wenn früher die Mehrzahl der Besucher aus Vergnügungssüchtigen bestand, so sehen wir jetzt,
wo sämmtliche Bad- und Kuranstalten auf das Vollkommenste
eingerichtet sind, immer mehr Kranke, Rekonvalescenten und
solide Sommerfrischler. Es mehren sich überhaupt die Stimmen
Derjenigen welche die Zukunft Baden-Badens nicht einzig und
allein in den Geldmitteln fürstlicher Personen und reicher Ka-
pitalisten hoffen und suchen, sondern welche einen soliden einfacheren Bürgerstand zu längerem Verweilen oder zu Ansiedelungen heranziehen möchten. Schon jetzt stellt sich das Be-
dürfniss nach einfacheren Wohnungen heraus; auch ist von der
Einführung verschiedener Fabrikationszweige, wie solche bereits
in den böhmischen Bädern stattfand, die Rede. Ein Häuserkomplex, eine Strasse mit aneinandergereihten modernen aber
einfachen Wohnhäusern würde sich ohne Zweifel für die Stadt
besser rentiren als eine lange, von Gärten unterbrochene Reihe
palastartiger Villen, wie z. B. eine solche sich hinter der geschmackvollen protestantischen Kirche in der Richtung nach
Lichtenthal seit wenigen Jahren erhoben hat.

Dass Baden-Baden auch nach Beseitigung der grünen Tische
nicht aufgehört hat eine Art Grossstadt, ein Weltplatz zu sein,
zeigt die Ziffer der Besucher der letzten Jahre, wie sie im Badeblatt verzeichnet ist (s. S. 18). In wenigen Jahren wird der Ausfall
(von etwa 15,000) gedeckt sein; wenn Baden-Baden nach dem
Kriege von 1870—71 und nach der Aufhebung des Hazardspiels

(Ende 1872) schon wieder über 40,000 Gäste (1875: 45,177) aufweisen konnte, so wird ohne Zweifel nach Beendigung des russisch-türkischen Krieges im Jahre 1878 der Besuch sich bedeutend heben. Grosse Hoffnungen setzte Baden-Baden im Februar 1878 auf einen Kongress oder eine Konferenz. Diese Hoffnung wurde vereitelt.

Dass man in grösseren Städten und Kurorten, wo die Bewohner mehrerer Welttheile sich zusammenfinden, viel zwangloser, unbelästigter und wenn man will, einsamer leben kann als an kleinen Kur- und Villaggiaturplätzen, ist eine bekannte Sache. In Baden-Baden fliesst ebenfalls der Menschenstrom gleichgültig an uns vorüber und man bewegt sich hier ganz nach Geschmack, nach seinen Gewohnheiten und Verhältnissen.

Wir gehen jetzt zu einer Schilderung der beachtenswerthesten **Anstalten, Einrichtungen, öffentlichen-** und **Privatgebäude, Villen** u. s. w. über. Die letzte Zählung im Dezember 1875 ergab für die Stadt die Einwohnerzahl von 11,014 Seelen; man schätzt jetzt die Zahl der Bewohner auf etwa 12,000 bis 12,150. Bei der Anlage, Bauart und Erweiterung musste sich die Stadt natürlich nach den Terrainverhältnissen richten; die 40—50 Gassen sind in den alten Stadttheilen schmal und winkelig, während der neue Stadttheil breitere und geradere Strassen hat und ganz das Gepräge der Eleganz und Neuzeit trägt. Der ältere Kern der Stadt zog sich vom Schlossberge bis zum Oosbach herab und endigte im Südosten am *Graben*, der jetzigen *Sophienstrasse*. Die alten Gräben sind längst ausgefüllt, die Mauern, Thürme und Schutzwehren abgebrochen, viele Häuser, dem allgemeinen Verschönerungssinn entsprechend neu herausgeputzt und mit Anbauten versehen. Den Mittelpunkt der alten Stadt bildete die Stiftskirche; mehrere, ziemlich steile Staffelgassen führen von verschiedenen Seiten in die obere alte Stadt. Ganz neue Strassen oder vielmehr Stadttheile ziehen sich von der neuen protestantischen Kirche in der Richtung nach Lichtenthal hin *(Schillerstrasse, Maria-Victoriastrasse, Ludwig-Wilhelmstrasse)*. Eine neue Nummerirung der Häuser fand vor einiger Zeit statt. Die Strassen sind meist gepflastert, mit Trottoirs versehen, die neueren chaussirt, macadamisirt. Gaslampen beleuchten dieselben; mehrere Brunnen mit kaltem und heissem Wasser sind vorhanden und neue, in Folge der grossartigen Wasserleitung von der Scherrhalde her, sollen errichtet werden. Der Plan einer Pferdebahn zwischen Scheuern, Baden und Lichtenthal wurde aufgegeben.

Statistisches.

Baden-Baden vereinigt jährlich einmal die Kreisversammlung der Aemter Achern, Baden, Bühl und Rastatt. Es ist der Sitz der Grossherzogl. Bezirks- und Lokalbehörden: Bezirksamt (Vorstand ist Stadtdirektor *Freiherr von Gœler-Ravensburg*). Bezirksrath. Badanstalten - Commission (das neue Dampfbad „Friedrichsbad", Trinkhalle, Theater, Molkenanstalt; ganz getrennt vom Kurcomité). Amtsgericht (Bezirks- und Gerichtsärzte). Bezirks-Bauinspektion. Haüptsteueramt. (Hauptzollamt, Domänenverwaltung, Amtskasse, Wasser- und Strassenbaukasse u. s. w.) Bahnamt. Bezirksforstei. Verwaltung des herrschaftlichen Bezirksspitals. Hofgärtnerei. Schlossverwaltung u. s. w. Ferner ist Baden der Sitz eines kaiserlichen Postamts (am Leopoldsplatz), eines kaiserlichen Telegraphenamts (ebendaselbst und am Bahnhofe), eines Landwehr-Bezirkscommandos. Das städtische Kurcomité verwaltet das Conversationshaus (Lesezimmer, Kurorchester, Kurtaxenbureau) und die Jagden. Als städtische Behörden und Anstalten sind zu nennen: Bürgermeisteramt (Oberbürgermeister *Gönner*, Bürgermeister *Seefels*). Stadtrath, Ortsschulrath, Ortsgesundheitsrath, Städtische Baukommission, Feuerlöschwesen, Sparkasse, Städtische Bezirksforstei, Stadtbauamt, Städtische Gasfabrik, Schlachthaus u. s. w. u. s. w.

Kirchen : Katholisches Stadtpfarramt, Katholische Stiftungskommission. Altkatholische Kirchengemeinde. Evangelisches Stadtpfarramt. Englische Episkopalkirche. Griechischrussische Kirche. Griechisch nicht unirte Kirche. Israelitischer Gottesdienst.

Lehranstalten: Grossherzogl. Gymnasium. Höhere Töchterschule. Gewerbschule. Volksschule (Knaben- und Mädchenschule). Erziehungsanstalt und Pensionat im Frauenkloster zum heil. Grab. Kleinkinderschulen. Privatunterricht in allen Fächern. (Auskunft in der Wild'schen Buchhandlung).

Bad- und Heilanstalten (öffentliche und Privatanstalten). Friedrichsbad (s. u.) Trinkhalle. Molkenanstalt; Abgabe von frisch gemolkener Kuh- und Ziegenmilch im Sommer und im

Winter. Städtisches Krankenhaus. Thermalbäder in verschiedenen Gasthöfen (s. o.) Stahlbäder, Mineralbäder, Fluss- und Schwimmbäder. Klinik für Frauenkrankheiten. Augenklinik. Mehrere **Distriktsstiftungen** (sie stehen unter Grossh. Ministerium des Innern), Bezirksstiftung; ferner 12 Lokalstiftungen. **Anstalten und Vereine:** 4 für Wohlthätigkeitszwecke, 12 für gemeinnützige Zwecke, 1 für Kunstzwecke (Kunstverein), 3 für gewerbliche Zwecke, 10 für gesellige und Unterhaltungszwecke; ferner der national-liberale Verein, Fischereigesellschaft.

Ausserdem sind mehrere **Konsulate** vorhanden (Belgien, Portugal, Griechenland, Vereinigte Staaten), Versicherungsanstalten, Agenturen u. s. w.

Die **Bank- und Wechselgeschäfte** besorgen: Jörger, F. S. Meyer, Meyer & Diss, Müller & Co., Strohmeyer, Gebr. Wolff.

Die Liste der in Baden-Baden (und Lichtenthal) ansässigen **Aerzte** ist folgende: Berton (Bezirksarzt), Baumgärtner, Blondin, Brumm, Heiligenthal (Badearzt), v. Hoffmann (Augenarzt), Jörger, Knecht, Müller (Hospitalarzt), Schiel, Schliep, C. Schmidt, E. Schmidt, Schrauder; in Lichtenthal: Seelos. **Zahnärzte:** Meyer, Cartier. **Veterinärärzte:** Braun, Hotter.

Apotheken. *E. Jebens* (neu und elegant in grösster Vollständigkeit mit Mineralwasserfabrik eingerichtete Musterapotheke, eine besondere Zierde des Kurorts). *Sabel* (früher Bilharz, ebenfalls reich assortirtes Geschäft). *Kluge*, Droguerie-Waarengeschäft.

Buchhandlungen. Buch-, Kunst- und Musikalienhandlung von *Constantin Wild*, Lichtenthalerstrasse 2, der Briefpost gegenüber. (In diesem, elegant und geschmackvoll ausgestatteten Geschäft findet man eine reiche Auswahl von Werken aus allen Fächern der Literatur, der deutschen sowie der ausländischen; ferner Reisehandbücher, Landkarten, Oelgemälde, Kupfer- und Stahlstiche, Musikalien, Schreibmaterialien u. s. w.) Damit verbunden ist eine reichhaltige Leihbibliothek: deutsche, französische, englische Werke; ferner eine Annoncen-Expedition für alle Zeitungen, sowie Annahme von Abonnements auf politische und wissenschaftliche Zeitungen und Wochenblätter. **Hof-Buchhandlung** von *D. R. Marx* in einem Seitenflügel des Conversationshauses, verbunden mit einer Kunst-, Musikalien- und reichhaltigen Galanteriewaaren-Handlung. **Hof-Buchdruckerei** von *A. von Hagen*, Stephanienstrasse 3. Sie besorgt Druckarbeiten aller Art, elegant und billig. Im Verlage dieser Druckerei erscheint das *Badeblatt* mit der täglichen Fremdenliste und allen, die Kurgäste und Fremden interessirenden Anzeigen, musikalischen- und Theaterkritiken des Redakteurs, Dr. *R. Pohl;* ferner das *Wochenblatt*, ein amtliches Verkündigungsblatt für den Kreis Baden und die Amts- und Amtsgerichtsbezirke Baden und Achern.

Photographische Anstalten von Witte, Kunzemüller, Kopp, Werzinger, Stumpf.

Eine permanente **Kunstausstellung** und Ausstellung des Rheinischen Kunstvereins befindet sich in der **Kunsthalle** neben dem Theater. (Eintrittspreis 50 Pfg., Jahres-Abonnement, inbegriffen ein Loos, 10 Mark.) Sehenswerth sind die Ateliers der Maler Amberger, Grund, Heinefetter und der Bildhauer Kopf, Kaffenberger, Leile u. s. w. Das Kopf'sche Atelier befindet sich hinter dem Conversationshause, am Eingang in die Werder- und Kaiser-Wilhelmstrasse.

Die Zahl geschmackvoller Villen und beachtenswerther Gebäude in Baden-Baden ist eine sehr ansehnliche; die Baulust ist lebhafter als früher und ringsumher, auch in den kleineren Seitenthälern, erheben sich stets neue geschmackvolle Bauten, deren eingehende Schilderung uns hier zu weit führen würde. Der Spaziergänger erblickt sie überall. Wir nennen folgende: Villa Lüdersdorff (gross und schön), an der Stelle des früheren „Jesuitenschlösschens". Villa Meier. Villa Krahnstöver. Villa Hurrle. Villa Beausite. Villa Koch. Villa Krippenhof (oder v. Thal). Villa Solms (mehr Burg als Villa zu nennen, vom Architekten Oppler ausgeführt, s. u.) Villa Monte Carlo. Villa Seefels. Villa Faber. Villa Schnepf. Villa Quaita. Villa Kumbergia. Villa Vles. Villa Jung. Villa Lang. Villa Luise. Villa Strohmeyer. Villa Lemmé. Villa Mulhens. Villa Limburg. Villa Aufm'Ordt. Villa Stadelhofer. Villa Beuttenmüller. Villa Wenzel. Villa Caro (mit dem kleinen Theater der früheren Besitzerin Viardot). Villa Achenbach. Villa Mentschikoff. Villa Weih (Alleehaus). Villa Thur (Quettighof, 2 Villen). Villa Sorrento. Villa Prédelys. Villa Dittler. Villa Gagarine. Villa Hollandia. Villa Monrepos. Villa Schuchmann. Villa Lotzbeck. Villa Linz. Villa Trampler. Villa Jägel. Villa Lüdersdorff sen. Villa Plessen. Villa Helldorf. Villa Friderici (neueste prachtvolle Villa im elegantesten Renaissance-Stil, vom Stadtbaumeister Meeser ausgeführt). Villa Borchard. Villa Merck. Villa P. Mahler. Villa K. Mahler. Villa Maltzahn.

Villa Suckow. Villa Leichtlin (mit botanischem Privatgarten und seltenen Pflanzen). Hinter Lichtenthal auf der Höhe von Seelach die Villa Chreptowitsch. — Die meisten dieser Villen, deren Lage genau anzugeben uns hier zu weit führen würde (sie erstrecken sich von Badenscheuern bis über Lichtenthal hinaus) besitzen schöne Gartenanlagen und sind auch im Innern elegant eingerichtet. An dieselben schliessen sich viele kleine, zierliche Landhäuser, besonders zwischen Baden-Baden und Lichtenthal am rechten Ufer des vielfach überbrückten Oosbachs.

Die Stadt Baden besitzt ausserdem mehrere theils neue, theils geschmackvoll restaurirte Privatgebäude, z. B. das Palais der Herzogin von Hamilton in der Sophienstrasse mit schönem Garten und dem dazu gehörigen, zwischen der Stephanien- und Sophienstrasse gelegenen, für Fremdenbesuch eingerichteten Gartenpavillon; ferner: das Fürstenbergische Palais in der Stephanienstrasse (in der neuerbauten Loggia seit 1875 vier Marmorreliefs vom Bildhauer Kern in Rom, die vier Jahreszeiten in Kindergruppen darstellend); das Wohnhaus des Grafen Bose; das neue, im Renaissance-Stil erbaute, mit Reliefs von Dichtern geschmückte Wild'sche Haus (Buchhandlung), der Post gegenüber in der Lichtenthalerstrasse 2, ausgeführt vom Architekten Fritz Wolff; das fürstlich Sturdza'sche Haus in der Lichtenthalerstrasse; das Haus des Dr. Müller; die Häuser von Grunelius und Gimbel (franz. Renaissance) unter dem neuen Schloss, neben der sog. Villa Lobstein, u. s. w. Auch in dem neuen Stadtviertel hinter der protestantischen Kirche, besonders in der Maria-Victoriastrasse, erhoben sich in den letzten Jahren viele geschmackvolle Privatbauten.

Auf dem höchsten Punkte der Stadt liegt das Grossherzogliche Schloss, zum Unterschiede von der noch höher gelegenen Burgruine Hohenbaden, das **Neue Schloss** genannt, obschon es ebenfalls sehr alt ist. Ein Besuch desselben ist von grossem Interesse, nicht allein der historischen Erinnerungen wegen, die sich seit Jahrhunderten an dasselbe knüpfen, sondern auch der baulichen innern und äussern Einrichtung und der prächtigen Aussichten wegen, die man aus allen Fensterräumen des Schlosses geniesst. Eine ausführliche Schilderung dieser schönen Sommerresidenz der Grossherzoglichen Familie können wir in diesem Büchlein nicht geben; wir verweisen aber auf die vortreffliche und gründliche Schrift des † Generalmajors *Krieg von Hochfelden*: *„Die beiden Schlösser zu Baden, ehemals und jetzt"*

(Carlsruhe, 1851). Diese Schrift enthält Alles, von den Substruktionen eines hier befindlichen römischen Castrums an bis auf die jüngsten Dekorationen der Prachtsäle, Privatzimmer, Kunstschätze, Treppen, Korridore, Gärten, nebst interessanten berichtigenden Bemerkungen über die unterirdischen Gemächer, an welche sich so mancherlei schauerliche Sagen von Vehmgerichten, Jungfernkuss und dergleichen knüpfen. ˙Der Besucher des neuen Schlosses findet links am Eingange in den Vorhof eine Klingel, welche einen Führer herbeiruft, der mit Zuvorkommenheit Alles zeigt. Aus der ganzen Lage erkennt man bald, dass das Schloss als Bollwerk für die unten liegende Stadt erbaut wurde; es liegt auf dem südlichen Vorsprunge des Batters, der nach drei Seiten abfällt und korrespondirt mit den meisten wichtigen Höhen der Umgebung. Es besteht aus dem Hauptgebäude und vielen Nebengebäuden, welche den Schlosshof umschliessen. Die Ueberreste von Bädern, die Grundmauern, die Terrassen und Strebepfeiler, die unterirdischen Gemächer u. s. w. deuten hier, wie auf dem alten Schlosse, auf römischen Ursprung hin und es ist nach genauen Untersuchungen grosse Aehnlichkeit in den Anlagen, besonders in den Grundbauten beider Schlösser nachgewiesen. Die Zeit, wo hier auf römischer Grundlage ein Rittersitz erbaut wurde, ist nicht mit Bestimmtheit nachzuweisen. Befestigte Warten, von denen der Blick weit hinausschweifen konnte, waren ohne Zweifel Beide. In welchem Zusammenhange beide Punkte in Bezug auf die Benützung und Bewohnung im frühen Mittelalter gestanden, ist ebenfalls dunkel. Wir wissen jedoch dass auf dem Alten Schlosse die Markgrafen lange gewohnt bis Markgraf Christoph I. das Neue Schloss auf alten Grundmauern erbaute und dann die höher gelegene Burg (Hohen-Baden) im Jahre 1479 verliess. Dieser Neubau war nur klein und man scheint mit dem Wohnsitz hier und oben gewechselt zu haben. Mit dem Markgrafen Christoph begann es eigentlich erst in der Lokalgeschichte der Stadt und des Schlosses zu tagen und die neuere Geschichtsforschung entdeckte immer mehr Thatsachen, welche ihm — sowie dem Grossherzog Karl Friedrich — zum Ruhm gereichen (Freiheitsbrief für die Stadt Baden, 1510). Etwa 100 Jahre später (1569) wurde unter Markgraf Philipp II. durch den Baumeister Weinhardt ein neuer Schlossbau, weil der frühere zu eng geworden, in modernem, elegantem Palaststil aufgeführt, und durch Gemälde, Dekorationen u. s. w. durch

Tob. Stimmer aus Strassburg mit grossen Kosten verschönert.
Alles wurde im Jahre 1689 mit einem Theil der Stadt durch
französische Mordbrennereien zerstört. (Ein interessanter Be-
richt hierüber vom Pater Hippolyt findet sich in Krieg-Hoch-
felden's oben angeführtem Werke, aus einem 1695 in Frank-
furt erschienenen Büchlein). Nur einzelne Theile des schönen
neuen Baus z. B. das Dagoberts-Thürmchen an der Ecke der
Gartenterrasse (dieser kleine Bau wird von Lübke sehr hervorgehoben; er soll demnächst, nebst einer Halle im Schloss, welche
schöne Skulpturen zeigt, elegant restaurirt werden). In den
nachfolgenden unruhigen Zeiten wurde das Schloss nicht wieder
im alten Glanze, sondern nur in einfacher'Weise, die sich so
ziemlich, was das äussere Ansehen betrifft, erhalten, durch die
Markgräfin Sibylla Augusta hergestellt. Nachdem die Residenz
nach Rastatt verlegt war, geschah nicht viel für das Schloss zu
Baden, auch nicht von der Grossherzogin Stephanie, deren
Wittwensitz und Sommeraufenthalt es geworden. Erst Grossherzog Leopold liess es in seinem Innern wieder zu einem
würdigen Fürstensitz restauriren und der jetzt regierende Grossherzog Friedrich fährt fort, dasselbe geschmackvoll mit Kunst-
gegenständen aller Art zu schmücken.

Zu ebener Erde liegt der hübsche Speisesaal. In den
ersten Stock führt eine bequeme Treppe. Hier befinden sich
zwei prachtvolle Säle mit Parketböden und mit einem Eintritts-
zimmer verbunden, mit reich vergoldeten Wänden und Decken,
werthvoller Bildhauerarbeit an den Kaminen und grossen Bild-
nissen der Ahnen des grossherzoglichen Hauses, Inschriften
u. s. w. (von Hermann I., † 1130 bis Ed. Fortunat I., † 1600).
Schön, obschon einfacher, sind die Zimmer des Grossherzogs,
der Grossherzogin, der grossherzoglichen Familienglieder; herrliche Spiegel, Glas- u. a. Gemälde (besonders der badischen
Ritterburgen), Kunstgegenstände u. s. w. schmücken dieselben.
Interessant sind ferner: der grosse Bildersaal — Krieg v. Hochfelden macht 120 Portraits namhaft — die Korridore, die ge-
heime Wendeltreppe die zum Dagobertsthürmchen führt, das
Portal gegen den Schlossgarten u. s. w. Auch mehrere, bequem
eingerichtete Fremdenzimmer sind vorhanden. Sehenswerth, besonders für den Alterthumsfreund, sind die **unterirdischen
Gemächer**, welche Generalmajor Krieg sehr genau schildert.
Man schreitet an einem römischen Badbehälter vorüber in einen
engen gewundenen finstern Gang (Laterne zur Hand nehmen)

und dann in verschiedene kleine, gefängnissartige Gemächer,
die mit schweren Steinthüren versehen sind; in einem dieser
Gemächer sieht man an den Wänden eiserne Haken, woraus
Einige auf eine Folterkammer zum Aufhängen von Marterwerk-
zeugen schliessen wollen; in andern befinden sich Seitennischen
vielleicht zum Hineinstellen von Licht, Speisen, Getränk u. s. w.
Am Ende eines Ganges befindet sich eine, früher mit einer Fall-
thür versehene Vertiefung, auf deren Boden der Herabfallende
von eisernen Spitzen und Stacheln empfangen und getödtet sein
soll; man nannte diesen Gang den „Jungfernkuss" von einer
Figur in einer Nische, von der aber keine Spur mehr vorhanden. Das Vorhandensein steinerner Abtritte deutet ent-
schieden darauf hin dass diese Gänge und Hallen zu zeit-
weiligem Aufenthalt für Menschen, sei es für Gefangene oder
für Verstecke Belagerter und Gefährdeter dienten. Die grösste
Halle, mit mehreren steinernen Sitzplätzen, einer Wandblende,
zugemauerter Oeffnung u. s. w. wurde für den Sitzungssaal
eines Vehmgerichts ausgegeben. Viele Sagen und Vermuthungen
knüpfen sich an diese unterirdischen Gemächer, die jedenfalls
einen unheimlichen Eindruck machen, wenn sie auch nichts
Anderes waren als Verstecke für Kostbarkeiten und bedrohte
Burgbewohner. (An einen Tempel für unterirdische Schutz-
götter hier zu denken, ist gewiss lächerlich). Uebrigens ist es
nachgewiesen dass diese unterirdischen Gemächer in der Mitte
des 16. Jahrhunderts durch den Baumeister Weinhardt gänzlich
umgewandelt oder neu aufgeführt wurden.

Hinter dem Schlosse befindet sich der einfache, von uralten Linden beschattete Schlossgarten (schöner Springbrunnen),
Jedermann zugänglich. Eine Treppe von vielen Stufen führt steil
in die Gernsbacherstrasse bergab; sie befindet sich hart an der
uralten, aus Porphyr des Batters mit steinhartem Mörtel aufgeführten Stützmauer des Schlosses und der Gärten. Ein Rutsch
verursachte in den letzten Jahren nicht unbedeutende Aus-
besserungskosten. Ein geschmackvoller Blumengarten läuft spitz
gegen Osten hinaus. Er ist neuerdings sehr erweitert, mit
Pavillons, Veranden, Terrassen und vielen Zickzackwegen
versehen und geschmackvoll hergerichtet. In südlicher Richtung, rechts vom Dagobertsthürmchen zieht sich ein anderer
Blumengarten mit Orangerie, Treibhäuser u. s. w. an der dortigen Schlossfaçade entlang. Hier geniesst man eine herrliche
Aussicht.

Vom **Neuen Schloss** führen mehrere Wege, schmale, steile auf Treppenstufen und breitere Fahrwege (um den Schlossgarten herum und direkt) in die Stadt auf den Marktplatz, wo sich die **Stiftskirche** und in der Nähe derselben die Dampfbäder befinden. Diese Hauptkirche ruht auf römischen Grundbauten, wie verschiedene Funde beweisen (Mosaikboden, Abzugskanäle des Thermalwassers). Man will aus einigen Bauüberresten schliessen dass hier schon im 10. Jahrhundert eine Kirche stand, vielleicht auf den Substruktionen eines römischen Tempels erbaut, mit einer Gottheit, die den Dank für das Geschenk der heilkräftigen Thermen aussprach. Die erste christliche Kirche wurde früh durch Brand zerstört, worauf das Domkapitel in Speyer ein neues Gotteshaus aufführen liess, welches den Umfang des gegenwärtigen erhielt. Mehrere Markgrafen dotirten dasselbe reichlich und sorgten für die Verschönerung (Jakob I., Philipp I.); zur Zeit der Reformation, unter Bernhard III. und Philipp I. und während der schwedischen Besetzung 1633, diente die Kirche sowohl zu evangelischem als katholischem Gottesdienste, was später wieder geändert wurde. Im Jahre 1689 wurde durch französische Mordbrennerei die Kirche eingeäschert, die Gräber der hier ruhenden Fürsten erbrochen und beraubt. Erst 1753 konnte der Neubau durch Beiträge der fürstlichen Familie und der Bürger vollendet werden. An die Stelle des früheren Chorherrenstifts traten 1808 andere Pfarrei-Einrichtungen. In neuerer Zeit (seit 1866) fand eine gründliche, geschmackvolle Restauration des Baues, (des aus dem Jahre 1753 herrührenden Zopfstils) durch den Architekten Lang statt. Die Glasmalereien der Fenster sind Geschenke der Kaiserin (histor. Reminiscenz), des Grossherzogs, der Herzogin von Hamilton und Stiftungen von Privatpersonen; sehenswerth sind die Schnitzereien der Chorstühle, der alte steinerne Tabernakel, die eisernen Stützen der Emporbühne, der neue Hochaltar, die neue Kanzel. Der Unterbau des Thurmes stammt aus sehr alter Zeit. Die Kirche wird durch heisses Thermalwasser in kupfernen Röhren unter dem Kirchenboden erwärmt. Die Kirche war das Erbbegräbniss der badischen Markgrafen seit 1453 (Jakob I.); einigen derselben wurden werthvolle Grabmäler gesetzt. Das beste, freilich sehr überladene ist das von Pigalle gearbeitete für den Markgrafen Ludwig Wilhelm, den Türkenbesieger, und das schöne Relief auf dem Grabmale Jakob's II., eine Pietas darstellend.

In der Kirche begraben liegen rechts vom Hochaltar: Markgraf Philipp II. † 1588 (war unvermählt), Markgraf August Georg † 1771 als der Letzte der Linie; Markgraf Philipp I. † 1533; Markgraf Ludwig Wilhelm † 1707; Markgräfin Maria Victoria, Wittwe des letzten Markgrafen von Baden-Baden † 1793 (das Grabmal wurde erst 1833 vom Grossherzog Leopold errichtet); Markgräfin Mathilde, Herzogin von Bayern, Wittwe von Philipp I. † 1565. Links vom Hochaltar ruhen: Markgraf Ed. Fortunatus † 1600; Bernhard III. † 1537; Markgraf Friedrich, Bischof von Utrecht, † 1515; Markgraf Leopold Wilhelm † 1671; Markgräfin Ottilie, Gemahlin von Christoph I. † 1517; Markgraf Christoph I. † 1527; Markgraf Jakob II., Kurfürst und Erzbischof von Trier, † 1511. Der Grossherzog Leopold liess alle diese Denkmäler restauriren.

Gezeigt wird das Innere der Kirche von dem Messner; derselbe wohnt gegenüber No. 20 neben dem „Grünen Baum".

In der Nähe der Stiftskirche befindet sich das alte und neue **Dampfbad**, das „**Friedrichsbad**", unstreitig jetzt die Hauptsehenswürdigkeit der Bäderstadt, welchem eine ausführliche Schilderung (s. u.) gebührt.

Baden-Baden besitzt einige 20 **Thermalquellen** von einer Temperatur zwischen 35—55 ^{0} R. (44—69 ^{0} C.), welche eine sehr grosse Quantität Wasser liefern. Ihres geringen mineralischen Gehaltes wegen bilden sie eine Zwischenstufe zwischen den Soolquellen und den sog. indifferenten Thermen, indem sie bezüglich des innern Gebrauchs zu ersteren, bezüglich des Gebrauchs in Bädern aber zu letzteren gerechnet werden müssen. Geheimerath *Bunsen* machte im Jahre 1860 eine Analyse der Hauptquellen und fand eine geringe Quantität Lithium in einer derselben (am Kloster), die unter dem Namen „Lithiumquelle" jetzt viel besucht, d. h. getrunken wird. Die Quellen sind den indifferenten Thermen von Gastein, Wildbad, Pfäffers, Teplitz, Schlangenbad, Liebenzell, Bertrich ähnlich. Schwere Fälle von Rheumatismus, Gicht, Lähmungen bilden das Hauptkontingent. Die Temperatur ist das Hauptagens. Heisse Bäder werden die von 30—35 ^{0} R., warme von 27—29 ^{0} R., laue von 22—26 ^{0} R. genannt. Die **Thermaldämpfe** sind das Hauptkurmittel. Kranke Kurgäste verweisen wir auf die Schriften von Dr. *Biermann* und Dr. *F. Heiligenthal.* Der Letztere liefert in dem Buche: Die Thermen zu Baden-Baden, ihre Anwendung und Erfolge nach 20jährigen Erfahrungen im Armenbade (meist Krankengeschichten) die nöthige Anweisung (Baden, 1877).

Die Namen der verschiedenen Quellen finden sich in der nachfolgenden Schilderung des Friedrichsbades. Auch sind (s. o.) die Gasthöfe genannt, welche Badeinrichtungen besitzen.

Das Friedrichsbad.

Bevor man zur Erbauung eines neuen grossartigen Bades
schritt, war es nothwendig sich Thermalwasser in hinreichender
Quantität zu verschaffen. Schon im Jahre 1859, wo die Regierung beschloss einen solchen Bau zu bewerkstelligen, erkannte
man dass mit den disponibeln Thermalwasserquantitäten nichts
Grosses geleistet werden könne. Man ging dabei immer von
der Ansicht aus dass jede einzelne der damals und von Alters
her vorhandenen Quellen für sich neu gefasst und dass die
Reservoirs nach Quellen getrennt, aber so hergestellt werden
sollten dass sich der Dampf über den Quellen vereinige. Als
zum Dampfbade zu verwendende Quellen bestimmte man die
Judenquelle, die Ungemachquelle, die Brühquelle, die Höllenquelle. Die Erwärmung der Baderäume sollte im Allgemeinen
wie im alten Dampfbade bestehen, jedoch so dass das ab-
fliessende, zur Dampferzeugung benützte Wasser in Kanälen,
in möglichst geringem Gefälle und möglichst grosser Oberfläche
abgeleitet und die zuströmende Luft über dieselbe hingeführt
und so verwendet werde (1864). Im Mai 1867 erhielt der
Baudirektor *Gerwig* den Auftrag, ein Projekt für die Zuleitung
der Quellen in ein gemeinschaftliches Bassin auszuarbeiten. Derselbe schlug vor, mittelst Schürfungen und Stollenbauten in das
Innere des Berges einzudringen; im Dezember 1868 wurde eine
urkundliche Messung der vorhandenen Quellen vorgenommen
und diese waren unmittelbar vor Beginn der Schürfungen, nach
Stärke geordnet, folgende, mehr oder weniger ordentlich gefasste: Ursprung, Judenquelle, Ungemachquelle, Fettquelle,
Brühquelle, Kühlbrunnen, Höllenquelle, Büttquelle, Freibadquelle, Klosterquelle, Murquelle. Ausserdem existirten an un-
gefassten Quellen diejenige unter dem Wirthshause „Rose" und
jene unter dem ehemaligen „Rothen Löwen". Nach der Temperatur geordnet folgen sie also aufeinander: Brühquelle, Judenquelle, Höllquelle, Ungemachquelle, Fettquelle, Ursprung,
Klosterquelle, Freibadquelle, Quelle bei der „Rose", Kühlbrunnen, Murquelle, Büttquelle, Quelle unter dem „Rothen
Löwen". Bald nach Beginn der Schürfungen, in kurzer Entfernung von dem obern Ende der alten Klosterstaffel gegen den
Berg stiess man auf einen römischen Wasserbehälter, ein regel-
mässiges Achteck von 2,4 Meter Durchmesser und 0,9 Meter
Höhe, solid aus Quadern gebildet; aus dem geglätteten Boden fast

von der gleichen Höhe der Sohle der Schürfung trat eine Quelle
hervor; dabei wurden auch einige römische Alterthümer (jetzt
in Carlsruhe) gefunden, s. u. Mit dem Vortreiben der Schürfungen steigerte sich die Wassermenge, aber es blieben auch
nach und nach die benachbarten Quellen aus. Am 31. Dezember
1868 existirten die Ungemach- und Judenquelle nicht mehr und
die Brühquelle hatte mehr als die Hälfte abgenommen, aber
eine an diesem Tage vorgenommene Wassermessung ergab
bereits eine um 76,383 Liter grössere Wassermenge sämmtlicher
Quellen in 24 Stunden als die urkundliche Messung vom 14.
Dezember. Eine weitere Stollengrabung ergab eine Vermehrung
der Thermalwassermenge (16. Oktober 1869, um 71,442 Liter)
und eine am 24. März 1871 nach Vollendung der neuen Quellen-
fassungen vorgenommene urkundliche Messung lieferte abermals
ein Mehr von 14,950 Liter. Die Arbeiten hatten den lohnendsten
Erfolg; das Ergebniss der sämmtlichen Thermalquellen war von
ursprünglichen 693,107 Liter in 24 Stunden, auf 855,792 Liter
gestiegen und gleichzeitig hatte sich die mittlere Temperatur
des Thermalwassers etwas erhöht.

Erst nachdem solche Ergebnisse erzielt, war es möglich
eine vollkommenere und grossartigere neue Dampfbadanlage in
Aussicht zu nehmen. Statt der früheren Art der Dampfbenützung
wurde bei dem neuen Dampfbad vorgeschlagen, das Thermalwasser in dünner Schichte mit ausgebreiteter Oberfläche über
die ganze verfügbare Höhe zwischen dem oberen und unteren
Behälter „herabrieseln" zu lassen, wodurch das so gelungene
System der Dampfbildung im Friedrichsbade erzielt wurde.

Die Aufschliessung des Quellengebiets geschah durch Eröffnung zweier Schürfstollen, welche von den beiden Seiten-
flügeln des Dampfbadgebäudes ausgehen und mit geringer
Steigung in das Quellengebiet eindringen; der eine umschreibt
den tiefer gelegenen Theil derselben bogenförmig von Süd nach
West, der andere durchzieht das obere Quellengebiet gleichfalls bogenförmig in der Richtung von Ost und Nord und liegt
7,5 Meter höher als ersterer. In dieser Weise wurde das Quellengebiet gleichsam umschrieben und wurden alsdann, von den
Hauptstollen ausgehend, Seitenstollen in dessen Inneres getrieben,
für deren Anlage die Richtung der aufgeschlossenen wasserführenden Felsspalten, sowie die Temperatur des anstehenden
Gebirgs massgebend waren. Die Länge der Stollen im oberen
Quellengebiet (des Hauptstollens und seiner Zweige) beträgt

138 Meter, jene des untern Gebiets (sog. Kirchenstollen, welcher auch die Quelle unter der „Rose" dem Dampfbade zuführt) 75 Meter. Weitaus die grösste und in der Temperatur höchste Wassermenge liefert der Hauptstollen; er vereinigt in sich, ausser den neu erschlossenen Thermen, die Wasser der ehemaligen Judenquelle, Ungemachquelle, Brühquelle und Höllquelle. Der Ursprung, die Kühlquelle und die Freibadquelle, welche schon bei Erbauung des alten Dampfbades gefasst wurden, sind unverändert. Die Klosterquelle, Murquelle und Fettquelle, von denen die beiden ersten unbedeutend sind und die in der Tiefe längs der Mauer des Klostergartens hervorkommen, sind an ihrer alten Stelle geblieben und konnten nicht für das neue Dampfbad zugezogen werden. Die Büttenquelle, welche verunreinigte Tagewasser, gemischt mit Thermalwasser, das im Gebiet des jetzigen Kirchenstollens verloren ging, durch römische Abzugskanäle abführte, ist als Thermalquelle eingegangen.

So reich nun Baden-Baden mit Thermalwasser gesegnet ist, so arm war es früher an kaltem Wasser. Wenn den Anforderungen der Neuzeit an ein grosses umfassendes Bad entsprochen werden sollte, musste man auch über entsprechende Mengen kalten Wassers verfügen können. Die Lösung dieser Aufgabe wurde dem Baudirektor *Gerwig* übertragen und er löste dieselbe auf die glücklichste Weise. Die Kaltwasserleitung, welche das Dampfbad versorgt und zur Verschönerung Badens mittelst Fontänen (grosse Fontäne in der Lichtenthaler Allee) dient, sammelt ihr Wasser oberhalb Geroldsau, Malschbach und hoch oben am Scherrhof theils als Quellwasser, theils als Grundwasser; nach ersterer Art wurde das Uebelsbachthälchen und der sog. Haldengrund ausgebeutet. Dieses Thälchen wurde fast seiner ganzen Länge nach mit einem zusammenhängenden System von Einschnitten, Stollen, Schächten u. s. w., die sich nach links und rechts an die beiderseitigen Thalwände anschliessen, durchzogen und dadurch eine grössere Anzahl von Quellen erschlossen. Geichzeitig wurden mehrere beim Scherrhof in 660 Meter Meereshöhe entspringende Quellen aus einer Entfernung von 4200 Meter herbeigezogen und mit dem im Uebelsbachthal erschlossenen Wasser vereinigt. Als weiterer Bezugsort von Wasser dient das Malschbachthälchen, welches die Mündung eines umfangreichen Niederschlagsgebiets bildet und in der Sohle von einer 6 bis 7,5 Meter mächtigen Geröll- und Kiesablagerung bedeckt ist, unter welcher sich eingeschlossene

wasserhaltende Felsschichten von Rothliegendem muldenartig von
Thalwand zu Thalwand durchziehen. Auf dieser Felsschichte bewegt sich ein konstanter ergiebiger Grundwasserstrom. Indem
man daher kurz oberhalb der Thalmündung diese unterirdische
Felsenmulde durch eine, bis auf den festen Fels geführte Ab-
schlussmauer quer abschloss, wurde ein unterirdisches Reservoir
geschaffen, dessen Vorrath man der Hauptwasserleitung zuführen konnte. Die verschiedenen Zweigleitungen vereinigen sich in einem,
auf dem vorspringenden Bergrücken bei'm sog. Höllenhäusel
in den Felsen gesprengten Reservoir. Von da führt die 4000 M.
lange Hauptleitung in die Stadt Baden. Die verschiedenen Zu-
leitungen und Sammelkanäle, welche die Wasser dem Reservoir
bei'm Höllenhäusel zuführen, haben eine Länge von mehr als
8500 Meter.

Wir hielten es für zweckmässig obige Notizen über die
Vorarbeiten, der Schilderung des neuen grossartigen Dampfbadbaues vorauszuschicken, denn ohne genau zu wissen, ob genügend Thermalwasser vorhanden, konnte der Plan des jetzigen
Dampfbades — eine in ihrer Art einzige Zierde unserer Bäderstadt, ein hervorragendes Monument deutscher Kunst und deutschen Fleisses, ein willkommenes Hülfsmittel der modernen
Heilkunst — gar nicht festgestellt werden. Nach mehr als acht-
jähriger mühevoller Arbeit steht der Bau jetzt vollendet da;
die Friedrichsthermen erhielten durch den hochverehrten regierenden Grossherzog ihren Namen und sind als eingeweiht zu
betrachten. Die Eröffnung fand am 15. Dezember 1877 ohne
spezielle Einweihungsfeier statt.

Die Nothwendigkeit, die heissen Quellen als kostbares Geschenk der Natur in ihrem vollen Umfange zu verwerthen, war
längst anerkannt. Die Frage nach der besten Ausführung dieses
Gedankens war keine leicht zu lösende. Das alte Dampfbad
genügte nicht mehr; in mehreren Städten, z. B. in Berlin,
Magdeburg, Wien, Pesth (Raitzenbad) u. a. O. waren grosse
Badanstalten errichtet worden, welche die hiesigen an Eleganz
und heilkräftiger Verwerthung längst überflügelt hatten. Es
handelte sich darum, den Ruf Badens als Bäderstadt zu erhöhen
und unsere Thermen wieder in erste Reihe unter die gesuch-
testen und besteingerichteten zu stellen. Wir verweisen in dieser
Beziehung auf die Schriften, welche in den 60er Jahren von
den leider früh verstorbenen Badeärzten *Frech* und *Füsslin*

herausgegeben wurden. Vor Allem galt es, so reiche Mittel
herbeizuschaffen dass das Projekt in würdigster Weise zur Ausführung kommen konnte. Nachdem diese Mittel durch die Munificenz der Grossherzoglichen Regierung bewilligt waren, wurde
zur Ausführung des herrlichen Baues geschritten, welcher den
Ruf Badens immer mehr erhöhen wird.

Nach dem Tode des Bauraths *Fischer*, welchem der Bau
übertragen war, wurde als Architekt der talentvolle Bezirksbauinspektor *Dernfeld* mit der Ausführung des Werks betraut,
welcher diese Aufgabe unter grosser Mühwaltung nach mehrfach
veränderten Planen auf das Befriedigendste löste, nachdem 1869
ein ganzes Häuserquadrat (für 514,000 Mark) erworben und
niedergelegt war, um das erforderliche ausgedehnte Terrain —
die vom Gebäude eingenommene Fläche umfasst allein 4000
Quadratmeter — zu gewinnen.

Von den Bohrungen auf Thermalwasser und der Gewin-
nung von kaltem, reinen Quellwasser (unter Leitung des Bau-
direktors *Gerwig*) war bereits die Rede. Die Fortführung von
Gerwig's, in das Gebiet des Ingenieurs einschlagenden Arbeiten wurde, nachdem G. zum Bau der Gotthardbahn berufen,
dem Baurath *Gerstner* übertragen. An die erwähnten Ausfüh-
rungen oberhalb Lichtenthal, welche auch für die Fontäne in
der Lichtenthaler Allee (dem internationalen Klub gegenüber)
dienten, schlossen sich: die Anlage eines grossen Reservoirs
bei dem Burgschlosse Solms sowie Einrichtungen, um die Wasserleitung von hohem Druck für Feuerlöschzwecke im Theater-
gebäude und beim Conversationshaus zu benützen.

Mit dem Fortschreiten des Dampfbadbaues erfolgte auch
die Einrichtung der Wasserleitungen im Gebäude selbst zu
manchfacher ausgiebigster Benützung des jetzt reichlich vorhandenen Thermalwassers für Bade- und Heilzwecke. Diese
sämmtlichen Wasserleitungen, sowie die sonstigen hydraulischen
Apparate und Maschineneinrichtungen, die stets vervollkommnet
werden, sind unter der Oberleitung des Bauraths *Gerstner* und
nach dessen Angaben ausgeführt. Die unmittelbare Leitung der
Arbeiten war dem Ingenieur *Stolz* übertragen; dieselben wurden in
den Werkstätten der Gebrüder *Benckiser* in Pforzheim und des
Mechanikers *Thiergärtner* von Baden ausgeführt. Als Bauführer
für den Staat fungirte *G. Bär*. Maurer- und Steinhauerarbeiten
wurden von *Belzer* und von *Müller* in Baden geliefert. Die
meisten Detailangaben rühren vom Bezirksbauinspektor *Dernfeld*

her, in dessen Hände, wie schon bemerkt, mit Ausnahme der, dem Gebiet des Ingenieurs zufallenden Anlagen, die Oberleitung des ganzen Baues gelegt war.

Mit den Ausgrabungen für das Fundament des neuen Dampfbades auf unsicherem Boden und mit der Sicherung des angrenzenden Bergterrains durch Stützmauern waren sehr grosse, kaum vorherzusehende Schwierigkeiten und Kosten verbunden. Hierbei wurden interessante geologische und archäologische Entdeckungen gemacht. Letztere bestanden in Ueberresten römischer Badanlagen; das meiste war mit einer schwärzlichen Sinterschicht von durchschnittlich 13—15 Fuss Dicke überdeckt. Nachdem die römischen Bauten zerstört worden waren, hatte sich nämlich das, bis dahin in Leitungen gefasste Thermalwasser frei über die Ruinen ergossen und in circa 1500 Jahren diese, aus Kieselsinter bestehende Schicht gebildet, welche demnach in je 100 Jahren etwa 1 Fuss hoch gewachsen war. Ohne Zweifel würde noch Vieles entdeckt werden, wenn es möglich wäre unter der Stiftskirche, der „Rose" und anderen Häusern zu graben. Uebrigens wurden schon 1848 Theile von römischen Badanlagen aufgefunden (Dampfbäder).

Hieraus dürfte hervorgehen dass die Geologischen Epochen noch vielfach zu gross angenommen werden. Schon nach einem dreiwöchentlichen Ausfluss setzt unser Thermalwasser einen grünen, schlammartigen Ueberzug (Algen) ab, welcher nach und nach in eine feste Substanz übergeht deren Hauptbestandtheil weisser Kiesel ist, der an der Luft verhärtet und die in ihm enthaltenen organischen Substanzen versteinert. So fand man verkieselte Schnecken und versteinertes Holz; auch römische Ziegelsteine und Münzen wurden in dem Sinter entdeckt.

Während des Krieges 1870—71 wurde der Neubau unseres Dampfbades unterbrochen, hierauf aber im Sommer 1871 nach einem veränderten Plane von *Dernfeld* wieder aufgenommen. Aerztlicher Rathgeber war hierbei der verstorbene Medizinalrath Dr. *Frech* gewesen.

Bei der Anlage des terrassenförmig aufsteigenden Gebäudes musste die verschiedene Höhenlage der Thermalquellen, das steil ansteigende Bergterrain und die, eine seitliche Ausdehnung beengende Umgebung massgebend sein. Die Hauptgesichtspunkte des Architekten waren: die möglichste Ausnützung der hohen Temperatur des heissen Wassers nach jeder erdenklichen Richtung und die Nutzbarmachung der Bäder nicht allein für Kranke sondern auch für Gesunde. Es wurde demgemäss vom Baumeister die Anlage einer altrömischen Therme als Ausgangspunkt genommen, dabei aber allen gesteigerten Anforderungen der Jetztzeit gebührend Rechnung getragen. Auf den Trümmern der alten Römerthermen lebten somit, 1600 Jahre später, deren unübertroffene Badanlagen in zeitgemäser Neugestaltung wieder auf.

Das Gebäude bildet ein kolossales Quadrat, welches (mit Ausnahme der eingeschlossenen Lichthöfe) vollständig überbaut und im Mittelpunkte von einer grossen Kuppel überdacht ist. Die rechte und linke Fronte läuft in zwei Halbrondelle aus; die hintere, am höchsten gelegene Façade wird von zwei Thürmen flankirt. Am grossartigsten präsentirt sich die vordere Façade mit ihrem Portale, zu welchem eine breite Freitreppe für Fussgänger und eine Doppelrampe für die Auffahrt geleitet. Eine grosse Gallerie läuft in Bogenstellungen zu beiden Seiten des Portals bis zu den, mit Balkonen gezierten vorspringenden Eckpavillons, welchen die zwei Halbrondelle sich anschliessen.

Das Aeussere des Baues ist in rothem und weissem Sandstein in geschmackvoller Gruppirung aufgeführt. Die Hauptfaçade ist zu beiden Seiten des Portals geschmückt mit den Statuen des Aeskulap und der Hygiea sowie einer dem Bade entsteigenden Nymphe (der Gesundheit) von *Hans Baur* in Konstanz, welcher auch die Karyatiden und die Giebelkrönung (zwei liegende Quellenfiguren mit einem Greif) ausführte. Hoch über dem Portale erhebt sich auf goldenem Grunde die Kolossalbüste des Grossherzogs Friedrich (von *Mœst* in Carlsruhe). Rechts und links erblicken wir über der Hauptgallerie und den Eckpavillons 12 Medaillons von Männern, welche wissenschaftliche und geschichtliche Beziehungen zu den Thermen haben (Markgraf Christoph I., Dagobert II., Karl Friedrich, Abt Ratfried von Weissenburg, Kanzler Vehus, Reuchlin, Agricola, Hippocrates, Theophrastus Paracelsus, Bunsen, Bischof und Frech), sowie die zwei Reliefbrustbilder der Kaiser Hadrian und Marc Aurel, unter denen die Römer ihre Ansiedlungen in Baden errichteten (von *Kern* und *Kaffenberger* in Baden). Auch die Nymphen und Flussgötter der Oos, Murg und des Rheins sind (von *Kaffenberger* ausgeführt) an der Klosterseite sinnreich angebracht.

Ueber dem Portale begrüssen den Heilsuchenden in sinnreicher Weise die mit goldenen Lettern eingegrabenen Worte Gœthe's:

„Wunderwirkend strömt die Welle,
„Strömt der heisse Dampf der Quelle,
„Muth wird freier,
„Blut wird neuer,
„Heil dem Wasser, Heil dem Feuer!"
Treten wir in das Innere ein, so fesselt uns zunächst das
grosse schöne Treppenhaus. Steigen wir die Treppe hinauf,
so treten wir in einen langen Wartsaal der Gallerie, welche
schon von Aussen unsere Aufmerksamkeit erregt hatte. Er ist über
11 Meter breit und 63 Meter lang. Von allen Seiten geschlossen,
mit einem Wintergarten (Fontäne in der Mitte) und Restauration
verbunden, wird dieser weite Raum den Mittelpnnkt des geselligen Verkehrs bilden namentlich an rauhen Wintertagen wo
eine Promenade im Freien jedem nicht völlig Gesunden von
selbst sich verbietet. Zeitungen und Unterhaltungsblätter sollen
ebenfalls aufgelegt werden, so dass für einen längeren Aufenthalt in den Friedrichsthermen passend gesorgt sein wird.
Höchst willkommen bei einem längeren Aufenthalt in den
Friedrichsthermen wird für Kranke wie für Gesunde der Umstand sein dass im Winter alle Räume, auch das Vestibül,
gleichmässig geheizt sind, grösstentheils durch heisses Wasser.
Auch die Fussböden sind erwärmt, was bis jetzt noch nirgends
gefunden wird. Durch diese Wasserheizung wird noch der Vor-
theil erreicht dass in den unteren Räumen für die Bäder keine
besonderen Kühlbassins erforderlich sind. Das von oben herab-
fliessende Thermalwasser gibt in seinem Laufe die Hitze grössen-
theils an seine Umgebung ab und kommt genügend abgekühlt
bei den Wannenbädern an, die sich rechts und links vertheilt
(für beide Geschlechter getrennt) im Parterre befinden.
Es sind 8 Wannenbäder angelegt (darunter ein Doppelbad)
mit Marmorwannen, die sammt den Treppen aus einem Stück
gearbeitet sind. Die Wände der Wannen werden mit Dampf
geheizt, ebenso die Behälter zum Wärmen der Wäsche. Ueberall
sind Duschen angebracht, welche von 10 bis zu 28 Grad Wärme
benutzt werden können, indem der Badende den Wärmegrad
selbst bestimmen und das Wasser das sich in den Zuleitungs-
röhren mischt, mit Hilfe eines Thermometers beliebig regu-
liren kann.
    Ferner befinden sich im unteren Stock sogenannte Wild-
bäder, zwei grössere und zwei kleinere; Sitzpiscinen für ge-
meinschaftlichen Gebrauch, wobei das Wasser, wie im Wildbad,

durch Silbersand in die Höhe quillt und aus dem Boden sprudelt.

Hieran schliessen sich auf dem gleichen Korridor Räume für Kaltwasserbehandlung, ein Inhalations-Saal, ein Pneumatischer Apparat und ein Elektrisches Bad.

· Im zweiten Stock, im Anschluss an den Wartsaal, befinden sich die sehr zweckmässig angelegten Aus- und Ankleidesäle mit getrennten Kabinetten für jeden einzelnen Badegast. Die Damenkabinette (von doppelter Grösse) sind mit einer Eingangs- und Ausgangsthür versehen, damit eintretende Angekleidete und austretende Badende sich nicht begegnen können. Im Mittelbau (Transept), von hoher Kuppel überwölbt, ist die grosse kalte Schwimmpiscine 18—20^0) angelegt; warme Piscinen (bis zu 30^0), Gesellschaftsbäder für getrennte Geschlechter, schliessen sich an. Wir finden also hier wie in den grossen römischen Thermen das apodyterium (Auskleidezimmer), das frigidarium (kalte Bad), die piscina oder natatio (Schwimmbad) und das tepidarium (Warmbad) vereinigt. Auch das unctorium, das Salbzimmer, fehlt nicht für die Damen; es ist ein mit Blumen gezierter Toiletten- und Ruhesaal, welcher zugleich zum Frisiren eingerichtet ist. — Den Herren steht gleichfalls nach den Bädern ein Ruhesaal zur Verfügung, auch ein Rauchsalon, wo sich wohl auch gelegentlich Zeitungen vorfinden .werden.

In Verbindung hiermit stehen nun die eigentlichen Dampfbäder verschiedener Grade und die heissen Luftbäder (römisch-irische), rechts und links für beide Geschlechter je zwei und zwei Badräume und ein grosser Duschraum. Auf der Damenseite schliesst sich hier noch ein Marmornes Schwimmbassin an. — In den meisten der Dampfräume wird die Entwickelung der Dämpfe durch Cascaden von heissem Wasser bewirkt. Der grosse Unterschied der hiesigen Dampfbäder von allen anderen uns bekannten ist aber der, dass die Dämpfe hier nicht künstlich erzeugte sondern natürliche, unmittelbar aus dem Boden quellende sind, deren Heilkraft dadurch unzweifelhaft eine grössere ist.

Im dritten Stock befinden sich endlich die sogenannten Fürstenbäder, Dampfbäder erster Klasse für vornehme einzeln Badende, mit Salon, Dampfraum mit warmem und Duschraum mit kaltem Bad. — Ausserdem sind hier noch zwei grössere Räume für Kastendampfbäder bei lokalen Leiden, sowie Einzeldampfbäder für Kranke eingerichtet.

Die künstlerische Ausstattung aller dieser Räume ist nicht minder beachtenswerth als ihre äusserst praktische, bequeme und elegante technische Einrichtung. Für den Kenner höchst interessant ist die grosse Manchfaltigkeit der architektonischen Konstruktionen, der verschiedenen Gewölbarten, Säulenstellungen etc. Je nach dem Zweck sind die Baderäume mit dem solidesten und besten Material, theilweise auch sehr reich ausgestattet, so namentlich die Fürstenbäder mit ihrer kostbaren Einrichtung.

Die Mosaikböden, die meistentheils pompejanisch dekorirten Wände, die gemalten Plafonds und Kuppeln — Alles verdient Anerkennung. Die meisten Wand- und Decken-Dekorationen sind nach Angaben und Zeichnungen von *Dernfeld*, von dem Maler *Schwarzmann* in Carlsruhe ausgeführt, die Bildhauerarbeiten (Masken etc.) vom Bildhauer *Leile* in Baden. In der grossen Kuppel sind die Malereien von *Schwarzmann* nach Cartons von *Gleichauf*, theilweise auch nach antiken Gemmen (Flussgötter, Wasserthiere etc.). Im Mittelbau des grossen Wartsaals sind die Deckenmalereien „die vier Elemente" von *Kemmer*, einem Schüler des Professors *Keller*, gezeichnet und ausgeführt.

Ueberall ist durch richtige Anwendung aller architektonischen und malerischen Kunstmittel eine bedeutende Wirkung erzielt und wenn man den Reichthum der Ausstattung bedenkt, so sind die hierfür aufgewandten Geldmittel (2,057,143 Mark, einschliesslich der grossen Kosten für die Wasserleitung und der 514,000 Mark für Erwerbung der Bauplätze) immer noch als gering zu bezeichnen.

So wird Baden-Baden also von jetzt an, nachdem seine Badanstalten in so vollkommener Weise sich gestaltet, jenen hohen Rang unter allen Bädern einnehmen, den es in Bezug auf die Schönheit der Natur, die Manchfaltigkeit und den Reichthum der Unterhaltung und der Vergnügungen schon lange behauptet hat.

Am Schluss dieser Schilderung möge noch der Sorgfalt und Energie in grösster Anerkennung gedacht werden, welche Herr Geheimerath *Cron* dem Unternehmen eine lange Reihe von Jahren hindurch widmete. Der Verdienste der Herren *Gerwig, Gerstner, Fischer, Dernfeld, Frech, Füsslin, Stolz, Bär* um den Bau, wurde bereits gedacht; auch die Leistungen der Herren *Belzer, Sommer, Müller, Benckiser, Thiergärtner, Baur,*

Kaffenberger, Schwarzmann, Leile, Kern, Kemmer, mögen noch einmal erwähnt werden. *(Die Preise der verschiedenen Bäder s. in d. Beilage.)*

Die neue städtische Wasserleitung.

Bevor wir in der Schilderung anderer Sehenswürdigkeiten der Stadt fortfahren, mag hier eines andern neuen grossartigen Werks, welches Baden-Baden zur Ehre gereicht, gedacht werden. Es ist dieses die **Neue städtische Wasserleitung** von der Kugelau und Scherrhalde (650 Meter ü. M.) aus fast dreistündiger Entfernung.

Die rasche Fertigstellung derselben, sowie des Hochreservoirs auf dem Annaberg, der Quellenfassung und des Stadtrohrnetzes verdankt man dem Herrn Stadtbaumeister *Meeser*, den Herren Ingenieuren *Köhler* und *Bückart*. Den Plan entwarf und das Ganze leitete der Ingenieur *Lueger*, welcher auch der Stadt Freiburg eine genügende Wasserleitung besorgte; ganz besonders sind auch die Verdienste der beiden Bürgermeister der Stadt Baden, der Herren *Gönner* und *Seefels* anzuerkennen. Um die Legung des Stadtröhrenetzes erwarb sich Herr *Gruis* aus Heilbronn Verdienste.

Es standen zwei Bezugsorte für die Wasserversorgung der Stadt zur Verfügung. Die Grundwasserversorgung aus dem oberhalb der neuen Fischzuchtanstalt der Herren *Haldenwang* und *Kauffmann* gelegenen Oosthale und die aus dem höher gelegenen Quellengebiete des bunten Sandsteins. Andere Bezugsorte wie z. B. das Geroldsauerthal, das Gunzenbachthal wurden wegen ihrer hydrographischen Qualifikation für weniger passend erachtet. Man wählte die hochgelegenen Quellen an der Scherrhalde und Kugelau, theils der dortigen Gebirgsbeschaffenheit wegen, welche Quellwasser in beliebiger Quantität gewinnen lässt, indem man die Sammelanlagen weit genug ausdehnte, (und nöthigenfalls weiter ausdehnen kann), theils des Kostenüberschlags und des Umstandes wegen, dass die Scherrquellen im höchsten Sommer die Temperatur von fast 6° R. haben, während das Grundwasser im Oosthal oberhalb der Fischzuchtanstalt 9° R. zeigt. In der Höhe von ca. 600 Meter ü. M. ist der bunte Sandstein in fast horizontaler Schichtung dem Urgebirge aufgelagert, wo er die Wasserscheide zwischen der oberen Murg und dem Rheine bildet. Diese Auflagerung beschränkt sich nicht auf die Scherrhalde und Kugelau allein, sondern dehnt sich aus bis an die Hornisgrinde und den Mummelsee, stets an der Auflagerungsgrenze (auf dem Granit) Quellen

enthaltend. Die Wasser, welche auf diesem ausgedehnten Hoch-
plateau niedersinken, bewegen sich durch die Spalten und Klüfte
des bunten Sandsteins nach der Tiefe und werden dort von
dem undurchlassenden Granite vom weiteren Einsinken abgehalten. In Folge davon stauen sich dort die Gewässer so hoch,
bis die Druckhöhe zur Ueberwindung aller Reibungswiderstände
in den Spalten und Klüften auf der Oberfläche der undurchlassenden Schichte ausreicht, um an der Grenzlage beider
Schichten entweder zu Tage zu treten oder in den vorgelagerten
Alluvionen (Schotterlagen) zu versinken und der Grundwasser-
bildung zu dienen.

Uebrigens sind die Bäche dieses Quellengebiets nicht lediglich auf Speisung aus der beschriebenen wasserführenden Schicht
angewiesen; auch ist die Ansicht, dass die Quellen der Oos
einzig und allein hier ihren Ursprung haben, unrichtig. Es
gibt innerhalb des Buntsandsteingebiets noch Quellen, die mit
dem für Baden benützten Quellensysteme keine Verbindung
haben, abgesehen von der grossen Anzahl jener, die aus einem
ganz andern Niederschlagsgebiete, aus ganz anderen Formationen
stammen und sich von dem Quellwasser aus der Scherr sowohl
durch Temperatur als auch sonstige Beschaffenheit wesentlich
unterscheiden. Selbst auf städtischem Waldgebiet wurden einzelne Quellen, z. B. der sog. Breite Brunnen vorerst nicht benutzt; wie mächtig jene Quellen sind, welche vorher in den
vorgelagerten Alluvionen unterirdisch abflossen, lässt sich am
besten in dem nordöstlich gelegenen Stollen an der Kugelau
nachweisen. *(Obige Notizen entnahmen wir theilweise dem Be-
richte des Herrn Ingenieurs Lueger und dem des Stadtraths an
den Bürgerausschuss).*

Wer die hochinteressante Wasserfassung an der Scherrhalde und Kugelau während der Grabungen besichtigte, hatte
nicht lediglich von oben die Einschnitte zu betrachten, welche
meist gar nicht zu Sammelanlagen bestimmt sind, sondern
musste in die Stollen eintreten und die aus denselben abfliessen-
den Wassermengen berücksichtigen, um keine falsche Vorstellung mit fortzunehmen.

Schreiber dieser Zeilen besichtigte im Oktober 1877 die
Wasserfassungsarbeiten an der Kugelau und Scherrhalde, mehrere
Einschnitte, Stollen, den sog. Breitenbrunnen bis zum zierlichen
Blockhause, dem alten Scherrhofe gegenüber, wo Wegweiser
auf den Plättig, auf die Badener Höhe, nach Forbach, Seelach,

Lichtenthal und Baden angebracht sind. Die herrlichen Waldungen gewährten damals mit den vielen (250—300) meist italienischen Arbeitern, ihren Baracken, Erdhütten, Speise-, Trank-
und Schlaflagern ein höchst malerisches Bild; es ist zu bedauern
dass kein Photograph diese romantischen charakteristischen
Scenerien, welche an die Bewohner der Wälder Kalabriens und
der Abruzzen erinnerten, aufnahm. Jetzt, wo alle Einschnitte
wieder geebnet sind und das Barackenleben der Arbeiter aufgehört hat, tritt diese Gegend wieder in das Gewand der gewöhnlichen Waldregion. Die ganze Wasserleitnng von den Höhen
der Kugelau und der Scherrhalde bis nach Baden-Baden, in
Verbindung mit dem Hochreservoir auf dem Annaberg, dessen
Bedeutung und Grösse man ebenfalls nur während des Baues
ermessen konnte — auch hier ist Alles wieder zugedeckt —
ist eine Schöpfung, welche manchem Werk der alten Römer,
sowie der modernen Grossstädte vieler Länder an die Seite
gestellt werden darf.

Herr Ingenieur *Lueger* hielt jm November 1877 zu Baden-Baden einen
populären Vortrag über das ganze Unternehmen. Diesem Vortrage sind einige
der obigen Mittheilungen entnommen. Die Zuleitung der Hochquellen soll
weniger als die aus dem Oosthale kosten: bei den (oben angeführten) Grund-
wasserquellen würde das Rohr eine Lichtweite von 25 Centimeter erfordert
haben, während bei der jetzigen Zuleitung 15 Centimeter ausreichen. Aus
finanziellen Rücksichten sei nicht einmal der ganze disponible Druck verwendet, sondern der Druckbehälter an den Oeserstein (zwischen Seelach und
dem sog. Steinersacker) verlegt und bis dorthin die Zuleitung in Cement-
röhren ohne wesentlichen innern Druck erbaut.

Das Hochreservoir auf dem Annaberg birgt 2,000,000 Liter
Wasser, einen Tagesbedarf der Stadt von 20,000 Eimern, also
100 Liter per Kopf; es hat 2 Wasserkammern, von welchen
beiden — allein und zusammen — das Stadtrohrnetz gespeist
werden kann, eine Maschinenkammer und wird mit einem geschmackvollen Portale nach dem Entwurfe des Stadtbaumeisters
Meeser ausgestattet werden. In den Zeiten also, wo der Wasser-
verbrauch innerhalb der Stadt grösser sein könnte als der Zufluss von den Hochquellen, würde die Differenz zwischen Zufluss
und Verbrauch ausgeglichen und der Inhalt des Reservoirs bei
vermindertem Verbrauch wieder ergänzt. Das Hochreservoir
soll ferner für unvorhergesehene Fälle, Brandunglück, Rohr-
bruch u. s. w. dienen; die Höhenlage desselben war durch die
Ausdehnung des Stadtröhrennetzes und durch die Bedingung
vorgeschrieben, dass noch in einer Meereshöhe von 233 Meter (am
Beutig) die Wasserabgabe möglich sei. Die Wasservertheilung

in der Stadt machte insofern Schwierigkeiten, als an vielen
Stellen der felsige Boden durch Dynamit gesprengt werden
musste, um den Röhren die passende Lage zu geben. Wer in
den drei ersten Monaten dieses Jahres (1878) unsere Bäderstadt besuchte, fand die Mehrzahl der Strassen aufgegraben
und hatte Mühe, die Gruben, Wälle und Nothbrücken zu über-
schreiten. Bei dieser schwierigen Röhrenlegung waren 300 Arbeiter, meist Italiener, beschäftigt. Man hoffte den Kongress
über die orientalische Frage in Baden-Baden tagen zu sehen
und förderte die Arbeiten der Wasserleitung mit ausserordent-
lichem Eifer, um den Diplomaten die schwierigen, schlüpfrigen
Wege zu ebnen.

Wir kehren jetzt in die Umgebung des Friedrichsbades
zurück, um in der Schilderung der hervorragenden Gebäude der
Stadt fortzufahren.

Vom oberen Portale des Friedrichsbades führt eine neue bequeme Treppe zur **Klosterkirche** und zum **Frauenkloster zum
heiligen Grab** hinab, in deren Nähe die Lithiumquelle und
eine andere neugefasste Quelle sich befinden. Die Kirche wurde
kurz vor der Verbrennung der Stadt durch die Franzosen erbaut,
blieb aber unzerstört. Sie hat gleich dem Kloster eine stille
einsame Lage, ist klein und düster, hat aber hübsche Glasgemälde und Altarbilder neueren Ursprungs, nach Entwürfen
von Schraudolph ausgeführt, welche sehenswerth sind. Das
Kloster hat einen freundlichen Blumengarten; die Nonnen leiten
auf klösterliche Weise eine Erziehungsanstalt für Mädchen.
Eine Markgräfin aus dem Hause Fürstenberg und Wittwe des
Markgrafen Leopold Wilhelm stiftete das Kloster und besetzte
es mit niederländischen Nonnen. Bei dem Brande von 1689
blieb es ebenfalls verschont. Hinter der Schule und dem Garten,
an der sehr alten, vielfach gestützten Schlossgarten-Mauer entlang, führt eine von Bäumen beschattete steile Treppe zum
Garten des neuen Schlosses empor. In der Nähe des Klosters
liegt die in gothischem Stil erbaute **Spitalkirche**, jetzt dem
altkatholischen Gottesdienste gewidmet. Die Zeit ihrer Erbauung
ist unbekannt, doch ist sie jedenfalls sehr alt, älter als das
Pfründnerspital, zu dem sie gehört; sie enthält zahlreiche Grabsteine adeliger Geschlechter und einige gute Schnitzwerke (Chorstühle vom Bildschnitzer Kern aus Pforzheim). Einige werthvolle

Altarbilder aus der altdeutschen Schule wurden leider verschleudert. Früher wurde hier der evangelische, auch der anglikanische Gottesdienst gehalten. Hinter der Kirche befindet sich in stiller Lage der **alte Friedhof**, dessen Besuch nicht zu versäumen ist; er war viel zu eng geworden und wird seit Errichtung des grossen neuen Friedhofs nicht mehr benützt. Beachtenswerth ist das grosse steinerne Kruzifix mit der Jahreszahl 1462; es soll von Nikolaus Lerch, der sich von Leyen (Leyden?) schrieb, herrühren (denselben Namen mit Wappen trägt auch ein nahegelegener Grabstein); die Hand eines tüchtigen Künstlers ist nicht zu verkennen. Allerlei Fabeln und Legenden, die wir hier übergehen müssen, knüpfen sich an dieses Steinbild. Nikolaus von Leyden verfertigte übrigens auch die Chorstühle im Dom zu Konstanz und das Grabmal Kaiser Friedrich's III. in der Stephanskirche zu Wien. Verschiedene Grabsteine mit Inschriften decken die Gebeine mancher angesehenen und berühmten Männer, z. B. des Dichters L. Robert († 1832); unter der Kapelle sollen sich weitläufige Substruktionen von hohem Alterthum befinden. Die hohe Statue eines Todtengräbers, welche der 1877 verstorbene Bildhauer Friedrich von Strassburg diesem alten Gottesacker schenkte, ist ein geschmackloses Machwerk.

An dem Kirchhofe vorüber führt neben dem schmalen Rothenbächlein die schattige Weiden- oder Seufzerallee in das sich enger schliessende Thal, durch welches die alte Gernsbacherstrasse auf den Sattel leitet, von demdie Wege auf den Merkur, in die Wolfsschlucht, nach Ebersteinburg, Selbach u. s. w. führen. In der Nähe des Spitals und des Friedhofs befinden sich das neue Gymnasium, das Amtsgefängniss, das Amthaus (in der Sophienstrasse), mehrere kleine Landhäuser u. s. w.

Bevor wir die Wanderung zu den Sehenswürdigkeiten der unteren Stadt fortsetzen, muss noch des der Stiftskirche gegenüber auf der südöstlichen Ecke des Marktplatzes gelegenen schönen und geräumigen **Rathhauses** gedacht werden. Sowohl Treppen an den Seiten des Friedrichsbades als auch viele Staffeln aus den tiefer gelegenen Gassen führen zu demselben empor. Fuhrwerk wird nur selten in diesem Stadttheil erblickt, denn der bequemere Fahrweg zum neuen und alten Schlosse führt von der Sophienstrasse durch den sog. Türkenweg, am Schlossgarten vorüber. Das Rathhaus war früher Jesuitenkollegium, dann Sitz des Gymnasiums bis zu dessen Verlegung

nach Rastatt, worauf es bis 1824 als Conversationshaus und
Spielbank diente. Dann kam es in Privathände, wurde 1864
angekauft, zum Rathhause bestimmt und für städtische Behörden, Gerichte u. s. w. mit passenden Lokalitäten eingerichtet
und verschönert. Die Aussicht auf die Stadt und das Oosthal
ist vom sehenswerthen Sitzungssaal aus prachtvoll. Im grossen
Saal wurde 1875 für den † Bürgermeister Gaus (1860—70) eine
Gedenktafel aus italienischem Marmor, vom Bildhauer Leile nach
dem geschmackvollen Entwurf des Stadtbaumeisters Meeser, auf-
gestellt; in einem andern Saal befindet sich das Bild desselben,
ein Geschenk des Grossherzogs.

Die jüngsten Erdarbeiten für die städtische Wasserleitung brachten
wiederum in dieser Gegend verschiedene römische Alterthümer an's Tages-
licht, welche gleich denjenigen der früheren Trink- und Antiquitätenhalle
(Museum Palaeotechnicum), welche sich dem alten ungenügenden Dampfbade
gegenüber befand, ohne Zweifel nach Carlsruhe wandern werden. Wahrscheinlich stehen Rathhaus, Stiftskirche, Dampfbad, die Häuserreihe mit dem
Gasthause zur „Rose" auf alten Grundmauern, meist römischen Bädern an-
gehörig. Eine vollständige Aufgrabung ist also schon lange nicht mehr
möglich und man begreift kaum, wie der † Dr. Huhn noch im Jahre 1868
die Bildung einer Aktiengesellschaft zu diesem Zwecke als neue und grosse
Anziehungskraft für Baden vorschlagen konnte; bei den Ueberresten römischer
Bäder in Baden-Baden finden ganz andere Umstände und Verhältnisse statt
als in Badenweiler; das neue Friedrichsbad liefert reichlichen Ersatz für
das Untergegangene.

Steigt man vom Marktplatz, wo das Rathhaus liegt, durch
die Hirschgasse zu der Promenade hinab, so erreicht man in
wenigen Minuten die **Neue Trinkhalle,** welche nach dem Plane
von *Hübsch* 1839 begonnen und 1843 dem Gebrauch übergeben
werden konnte. 16 korinthische Säulen tragen gedrückte Stich-
bögen (stolze Rundbögen zur Verbindung der stattlichen Säulen-
reihe wäre passender gewesen), überragt von einem Giebelfelde
mit schönem Relief des Bildhauers *Reich* aus Hüfingen. Die
Rückwand der Halle enthält 14 Freskobilder von *Götzenberger,*
welche Sagen aus der Umgegend und aus dem Schwarzwalde
darstellen; es sind folgende: 1. Burkard Keller von Yburg,
nach der Sage von der Erscheinung einer weissen Frau im
Walde unter dem alten Schloss, die ihn bethört; auf diese Sage
beziehen sich Kellers Kreuz und Kellers Bild, in der Nähe
einer Hütte im Walde, wo sich Wege nach Rothenfels, Balg
u. s. w. kreuzen. 2. Der Mummelsee mit nächtlichem Reigen
der Nixen, die bei anbrechendem Morgen durch den Geist des
Wasserreichs in die Tiefe zurückgerufen werden. 3. Die Nixe
des Wildsees, eine verführerische musicirende Lorelei. Da es

aber mehrere Wildsee'n im Schwarzwalde gibt, so weiss man nicht recht, welcher gemeint ist. 4. Die Engels- und Teufelskanzel an der alten Strasse von Baden nach Gernsbach, nach einer Sage von dem siegreichen Kampf des Christenthums über das Heidenthum in dieser Gegend. 5. Der Sprung des von Feinden verfolgten Grafen Eberstein von einem Felsen in die Murg (Grafensprung bei Gernsbach). 6. Die Belagerung von Alt - Eberstein durch Kaiser Otto, nach einem Gedicht von Uhland. 7. Der Fremersberg: der auf der Jagd verirrte Markgraf Jakob von Baden wird in der Nacht von Klausnern aufgenommen. (Ursprung des Klosters Fremersberg). 8. Geisterhochzeit zu Lauf (Ruine von Neu-Windeck). Ein Ritter träumt von seiner Vermählung mit einer Geisterbraut und erwacht im Schlosshof neben seinem Pferde. 9. Der Gasthof zum Baldreit, nach der Sage von einem Pfalzgrafen, der rasch genesen früher davon ritt als dem Wirth lieb war. (Der Name des Gasthofs soll übrigens nicht vom baldigen Davonreiten, sondern von dem baldigen Reichwerden des damaligen Wirths herrühren). 10. In den „Felsen" hinter dem alten Schloss schützt eine Fee ihr weisses Reh vor einem jungen Jäger. (Nach Schiller's Gedicht: Der Alpenjäger). 11. Die Burg Windeck (Alt-Windeck), auf welche der gefangene Bischof von Strassburg geführt wird. Das Bild enthält auch die Alte mit der Henne, welche der Sage nach die Burg unüberwindlich machte. 12. Die Wasserfälle von Allerheiligen, bei denen ein Rabe einer Zigeunerin Schmuck entwendet. 13. Auf der Thurmzinne des alten Schlosses erscheint die Jungfrau Maria der Markgräfin Katharina und verheisst ihr das Aufhören der Pest, wenn sie eines ihrer Kinder der Kirche weihen würde. 14. Nonnen in der Klosterkirche zu Lichtenthal; sie beten um Rettung vor den Feinden vor einem Marienbilde. Das Feld über den Eingangsthüren zum Trinksaal ist mit einem Freskogemälde von *Gleichauf* geschmückt, welches die Segnungen der Thermen darstellt. Zwischen den Eingangsthüren ist auf einer breiten Steinplatte eine lateinische Inschrift auf den Grossherzog Leopold nebst dem badischen Wappen angebracht. An der Rückseite der Säulenhalle befindet sich ein eleganter Trinksaal, in dessen Mitte aus einer Marmorsäule heisses Wasser in ein Bassin sprudelt; dasselbe wird gemischt (mit Karlsbader Salz, Milch, Zucker und anderen Zusätzen) oder rein getrunken. In dem Seitensalon werden alle Sorten fremden Mineralwassers, frisch bereitete Ziegenmolken u. s. w. abgegeben.

Hinter der Trinkhalle befindet sich der sog. Schlangenbrunnen, welcher aus dem Munde einer im Gebüsch versteckten Schlange aus Bronze vortreffliches Trinkwasser liefert. Daneben steht eine zierliche, mit Bänken und Tischen versehene Hütte im Schweizerstil, in welche Morgens und Abends Ziegen und Kühe aus der 20 Minuten entfernten Molkenanstalt geführt werden, die hier gemolken werden und die frischeste Milch liefern. Der Gebrauch dieser Milchkuren hat sich in den letzten Jahren ansehnlich vermehrt. (Auch für die Wintersaison ist in einer Stallung der Stadt auf ähnliche Weise für frische Milch gesorgt). Eine Büste des † Badearztes Dr. *Gugert* befindet sich in der Nähe.

Von Blumenbeeten und geschmackvollen Anlagen umgeben, erhebt sich seit 1875 (Herbst) die vom Bildhauer *Kopf* in Rom (gebürtig aus dem württembergischen Dorfe Unlingen am Fuss des Bussen) mit grosser Meisterschaft angefertigte **Büste des Kaisers Wilhelm.** Sie soll aus einem Marmorblock der Insel Paros gemeisselt sein, welcher zu Kaiser Augustus Zeiten nach Rom gebracht wurde. (Die karrarischen Marmorbrüche kannten die alten Römer nicht). Das Piedestal ist von schwarzem Granit.

Von der Trinkhalle führt ein bequemer Weg zu dem Prachtbau der von dem Fürsten Michael Sturdza auf dem Michaelsberge erbauten **Griechisch-Russischen Kapelle** empor. Sie bildet eine der Hauptzierden unserer Bäderstadt und ihre vergoldete Kuppel glänzt weithin in den Strahlen der Sonne. Der reiche Fürst M. Sturdza und seine Gemahlin Smaragda, geb. Vogorides, liessen sie zum Andenken an den im 17. Jahre (1863) gestorbenen Prinzen M. Sturdza nach Leo v. Klenze's Planen durch den Architekten *Dollmann* aufführen. Sie wurde am 25. Oktober 1866 dem kirchlichen Gebrauche übergeben. Das Protektorat übernahm der Kaiser von Russland. Nach dem Plane Klenze's sollte die Kapelle in ihrer Anlage ein Prostylos sein, durch den Narthex sollte man in die eigentliche Kapelle treten, daran sich das Sanktuarium schliessen und hinter diesem ein Treppenoktogon den Eingang in die Krypte vermitteln, welche unter dem Sanktuarium angelegt ist. Vier griechische Säulen aus weissem Sandstein des Merkurs zieren die Front und ist der Anblick von hier aus einheitlich und harmonisch. Die kahlen Seitenwände erscheinen unsern, an die Gothik gewöhnten Augen schwerfällig. Die Treppe vor den Säulen führt durch die Flügelthüre in die verhältnissmässig einfach gehaltene Vorhalle, wo die lebensgrossen Porträts der Familie Sturdza, gemalt von Perignon in Paris, angebracht sind. Der viereckige Hauptbau läuft in eine runde Kuppel aus, in welcher wir die zwölf Apostel erblicken, überstrahlt vom Auge Gottes, rechts und links über den Fenstern sind vier Darstellungen aus der Geschichte des Heilandes: Die Empfängniss, Geburt, Taufe und die Auferweckung von Jairi's Tochter, Alles auf Goldgrund in Lebensgrösse. Rechts vom Eingange in den Hauptbau befindet sich das schöne Marmordenkmal des † jungen Fürsten; ihm gegenüber die verhüllten Marmorstatuen der Eltern (die seidene Umhüllung darf erst nach dem Ableben derselben fallen) von Rinaldi und Thomas in Rom. Der übrige Theil der Wände ist theils mit reicher Ornamentik, theils mit glänzend polirtem Gypsmarmor in röthlicher und grauer Farbe bedeckt. Der Fussboden wird durch spiegelglatte natürliche Marmormosaik gebildet; an den Eckpfeilern stehen schwere Bronze-Candelaber. Die Ikonostase (Bilderstand ähnlich wie in der evangelischen Kirche zu Freiburg), vor welcher ein Bronze-Gitter sich hinzieht, ist vergoldet; ihre Gemälde, mit silbernen Ampeln behangen, zeigen die Propheten des alten Bundes. Im Sanktuarium, wo der Hauptaltar und zugleich die Gruft des Prinzen Sturdza sich befindet, ist die Hinterwand mit der Darstellung vom Abendmahl und Christi Himmelfahrt geziert. Die Fresken sind von Hauschild, die Ornamentik ist das Werk von Schulze, die Ikonostase hat Sickinger zum Meister, die Gemälde sind von A. Müller. Alle sind Künstler aus München.

Jeden Sonntag um 11 Uhr findet in dieser Kapelle Gottesdienst nach griechisch-russischem Kultus statt. Ein hübsches Haus in der Nähe dient den angestellten Popen als Wohnung.

Mit dem Besuche dieser Kapelle kann auf anmuthigem aussichtreichem Wege der Besuch des **Burgschlosses Solms-Braunfels,** des neuen zierlichen Wasser-Reservoirs und der trefflich unterhaltenen Spaziergänge auf dem Friesenberge verbunden werden. Das Schloss der Fürsten Solms bildet ebenfalls eine der schönsten Zierden der Umgebung. Es gleicht dieser stolze, im neuesten gothischen Stil aufgeführte Bau vollkommen einer mittelalterlichen Ritterburg; der stilvolle Ausbau des Innern, wo Alles bis auf die kleinsten Gegenstände mit einander harmonirt und von Reichthum und Geschmack Zeugniss gibt, erforderte längere Zeit. Viele kostbare Alterthümer, Stoffe, Rüstungen, Waffen, Geschirr, Mobiliar und sonstige Raritäten wurden aus verschiedenen Orten herbeigeführt und unter Aufsicht des Fürsten zur Dekoration verwendet. Die Aussicht auf Baden-Baden und in's Oosthal gehört zu den schönsten der Umgebung. Der Kastellan hat den Auftrag, das Innere des Schlosses denjenigen zu zeigen, die sich dafür interessiren. Der Plan des ganzen Baues rührt vom Architekten Baurath Oppler her; der Baumeister desselben heisst Odenwald.

Von diesem schönen Punkte begeben wir uns (es führen verschiedene Wege bergab) zum Conversationshause, zum Mittel- und Glanzpunkt des Badelebens. Hier und in den nächsten geschmackvollen Anlagen strömt Alles zusammen, was die Genüsse und Vergnügungen der Saison in Anspruch nimmt, und es bildet sich eine Gesellschaft, zu welcher alle Länder Europas und selbst ferne Welttheile ihre Vertreter senden. Der Schilderung der Lokalitäten, sowie der verschiedenen Vergnügungen und Unterhaltungen, welche das Kurcomité leitet, mögen hier einige kurze Notizen über die Mittel und Verwaltung des umfassenden Etablissements und der Einrichtungen vorausgehen.

Im Jahre 1872 wurde zwischen der Grossherzoglichen Regierung und der Gemeinde Baden ein Vertrag vereinbart, nach welchem die Grossh. Regierung aus Einkünften des Badfonds der Stadt jährlich 77,150 Mark zu Kurzwecken zur Verfügung stellt, die Stadt dagegen ebenfalls jährlich 120,000 Mark zuzuschiessen sich verpflichtet, so dass thatsächlich für Musik, Beleuchtung, Concerte, Festlichkeiten, Zeitungen, Bücher, Karten u. s. w. etwa 230,000 Mark verausgabt werden. Der Badfond wurde s. Z. gebildet aus den Erträgnissen der Spielpacht. Derselbe verfügt ausser einem Liegenschaftsvermögen von etwa 5 Millionen Mark über ein nutzbringendes Kapital von 3. Millionen Mark mit einem Zinsenertrag von 135,000 Mark, welche Summen nach Abzug von 10,000 Mark für Badenweiler, ausschliesslich für Baden verwendet werden und zwar zur Unterhaltung der Anlagen, Gebäude u. s. w., sowie einer namhaften Subvention für das Theater.

An der Spitze dieses Theils der Verwaltung steht das Kurcomité (nicht zu verwechseln mit der Badanstaltenkommission, welche die Aufsicht über die Bäder, die Trinkhalle u. s. w., s. o., hat), bestehend aus dem Oberbürgermeister und zwei vom Stadtrath gewählten Mitgliedern. Dasselbe verfügt über sämmtliche Räumlichkeiten des Conversationshauses, mit Ausnahme des angrenzenden Lokals der Marx'schen Hofbuchhandlung, sowie des Conversationsplatzes, bestimmt und ordnet alle in und ausserhalb desselben stattfindenden Concerte und Festlichkeiten, verausgabt die ihr zugewiesenen Gelder und ist nur dem Ministerium verantwortlich.

Die grosse Sorgfalt des Kurcomités für die Unterhaltung der Sommer- und Wintergäste wird von Jedermann auf das dankbarste anerkannt und die Herren *Gönner* und *Weih* erhalten davon täglich neue Beweise. Es ist wahrlich keine leichte Aufgabe, nach dem Aufhören des Spiels Alles in dem früheren Glanze zu erhalten. Während die Spielpächter bei ihren grossen Einnahmen den Besuch der Conversationssäle, Lesezimmer, Concerte u. s. w. ohne Abgabe irgend einer Art gestatten konnten, ist eine Kurtaxe (s. Anhang), wie solche an andern Kurorten erhoben wird, nothwendig geworden. Ueber die Art und Weise ihrer Erhebung ist zur Stunde, wo wir schreiben, für die nächste Saison noch nichts fest bestimmt; wahrscheinlich wird eine passende Umzäumung des Raums, für dessen Benützung ein mässiges Eintrittsgeld gezahlt wird, stattfinden. Um für den grossen Kostenaufwand (Concerte, Beleuchtung, Feuerwerke, Dienerschaft, Journale u. s. w.) einigermassen zu entschädigen, wurde für die Stadt Baden eine, provisorisch vom Ministerium genehmigte Verbrauchssteuer auf verschiedene Gegenstände eingeführt.

Während in früheren Jahren der 31. Oktober den Schluss fast aller Festlichkeiten und Vergnügungen bedeutete, findet jetzt vom 1. November an nur eine Verlegung der geselligen Unterhaltungen aus dem Freien in die innern Räume des Conversationshauses statt. Baden besitzt jetzt, gleich Wiesbaden, eine **Wintersaison** und die Zahl der Wintergäste mehrt sich von Jahr zu Jahr. Es ist die Sorgfalt und Unermüdlichkeit des Kurcomités für die Unterhaltung dieser Wintergäste ganz besonders hervorzuheben. Zu den zahlreichen grösseren und kleineren Concerten mit ausgezeichneten Vocal- und Instrumental-Solisten unter der vortrefflichen Leitung des Kapellmeisters *M. Kœnnemann* und in Stellvertretung des talentvollen Concertmeisters *Krassell* (das Kurorchester zählt 48 Mitglieder) kommen während der Sommersaison die Vergnügungen des Sport: Taubenschiessen, Pferderennen (Flachrennen, Steeplechases, Hürdenrennen, Armee-Jagdrennen), Jagden (Schleppjagden, Treibjagden, hohe und niedere Jagd), Waldfeste,

Fischerei u. s. w. hinzu. Durch die Munificenz des Deutschen
Kaisers und anderer deutschen Fürsten wurde 1874 ein besonderes
Armée-Rennen für deutsche Offiziere am Schluss der Sommersaison eingeführt. Die Programme dieser Pferderennen werden
viele Monate voraus veröffentlicht und es soll fortan eines dieser
Rennen‑an einem Sonntage stattfinden, um die Zahl der Zuschauer zu vermehren. Ferner ist für Unterhaltung und Zer-
streuung gesorgt durch zahlreiche Illuminationen (sog. italienische Nächte), Feuerwerke, Reunionsbälle (im Winter grosser
Maskenball in sämmtlichen Sälen des Conversationshauses, kostu-
mirte Bälle u. s. w.), Kinderfeste, lebende Bilder, Vorstellungen
in der Magie, Taschenspielkunst u. s. w. Vorkehrungen für
Bolzenschiessen, Kegelschieben sollen in der Nähe des Conversationshauses demnächst getroffen werden. Endlich sei noch
der wissenschaftlichen Wintervorträge, der wöchentlichen (Mittwoch) Oper-, Schau- und Lustspielvorstellungen des Grossh.
Hoftheaters von Carlsruhe nebst Gastvorstellungen französischer,
österreichischer und anderer Theatergesellschaften, die in den
letzten Jahren Beifall fanden, gedacht. Die geringere Zahl der
Militärconcerte wurde durch eine neu organisirte Blasmusik
des städtischen Kurorchesters, unter der Leitung *Ankenbrand's*
ersetzt. Diese Theilung des Kurorchesters in zwei, eventuell
getrennt wirkende kleinere Orchester bewährte sich. Für die
Wintersaison blieb also das Meiste wie im Sommer, nur wurden
die 3 mal täglichen Concerte auf ein tägliches Abendconcert
(Sonntags 2 Concerte, am Nachmittage und Abend) beschränkt.
Das elegante Theater ist leider/viel zu klein und bei allen
Vorstellungen gänzlich ausverkauft. (S. u. Theater.)

Auch die zahlreichen Vereine, Privatgesellschaften mit
Musik- und Theateraufführungen: Internationaler Klub, Museum,
Bürgerverein, Sängervereine (Aurelia, Hohenbaden, Turnerbund
u. s. w.) fördern das gesellige Leben.

Geschmackvolle Anlagen, Gruppen seltener Blumen und
Pflanzen umgeben das Conversationshaus, vor welchem sich ein
schön gehaltenes Rasenparterre, auf drei Seiten von Alleen
stattlicher Rosskastanien umgürtet, ausbreitet. Zwischen dem
Rasen und dem Conversationshause befindet sieh ein geräumiger
freier Platz zur Benützung des Publikums, der mit Bänken und
eisernen Stühlen versehen ist; hier ist an schönen Sommerabenden
das Menschengewühl am grössten. An der südöstlichen Seite befindet sich der elegante, 1859 erbaute Musik-Kiosk, wo unter

des Kapellmeisters *Kœnnemann* Leitung treffliche Musikstücke
(Morgens von 7—8, Nachmittags von 3—4 und Abends von
8—10 Uhr) meisterhaft vorgetragen werden; am andern Ende
des Conversationshauses soll demnächst ein meteorologischer Pavillon errichtet werden. Hier wird bei besonderen Festen, wo
Doppelconcerte stattfinden, eine Tribüne für die Militärorchester
von in Carlsruhe, Rastatt und Strassburg garnisonirenden Regi-
mentern errichtet.

Auf der südöstlichen Seite befinden sich seit dem Jahre
1868 in 3 Reihen neue geschmackvolle Buden, vom Bauinspektor
Dernfeld errichtet, in welchen alle möglichen Luxus- und
Modeartikel in reicher Auswahl zum Verkauf vorhanden sind;
eine Glasbedeckung schützt diesen, bei schlechtem Wetter ebenfalls zu Spaziergängen dienenden Bazar.

Den Mittelbau des geräumigen, von *Weinbrenner* 1824 in
schönem Stil erbauten Conversationshauses ziert nach Aussen
eine Halle von 8 korinthischen Säulen, durch welche der Haupt-
eingang in den **Grossen Saal** (45 Meter Länge und 15 Meter
Breite) führt, der für Bälle und Concerte bestimmt ist. Er ist
reich mit werthvollen Spiegeln, Kronleuchtern, Kandelabern,
Divans u. s. w. versehen, geschmackvoll dekorirt und an zwei
Seiten mit Logen versehen. Die Akustik in diesem Saal ist
eine vortreffliche. Links befindet sich der mit werthvollen
Wandgemälden geschmückte sog. Landschaftssal; aus ihm betritt
man den Italienischen Saal, der an den Salon Medici stösst, an
welchen sich wieder der Blumensaal, von seiner frischen, heiteren
Ausstattung mit Rosenguirlanden so genannt, anschliesst. Fast
alle diese reichen Säle sind nach den Zeichnungen und Planen
des Pariser Künstlers Séchan, von Derchy im Auftrage der Spielpächter Benazet und Dupressoir ausgeführt. Bekanntlich ver-
stummte Ende 1872 das öffentliche Hazardspiel und in den genannten Sälen traten unschuldigere Spiele: Whist, L'Hombre,
Piquet, Tarock, Toupie hollandaise, Chinesisches Billard, Tivoli,
Domino-, Damen- und Brettspiele u. s. w. an die Stelle. Auch
ein gewöhnliches Billard und ein vortrefflicher Flügel befinden
sich in diesen Sälen. Der sog. Renaissance-Saal mit den Bild-
nissen deutscher Dichter, Gelehrten, Componisten geschmückt,
ist seit 1868 Lesekabinet und mit dem kleineren Nebensaal mit
Luxus und grosser Bequemlichkeit ausgestattet. Inländische und
ausländische politische Zeitungen (russische, englische, amerika-
nische) befinden sich hier in grosser Zahl; ausserdem sind viele

illustrirte Zeitungen, wissenschaftliche Wochen- und Monats-
schriften, Landkarten aufgelegt und die Wandschränke enthalten werthvolle literarische Werke, Conversations-Lexikons,
Wörterbücher u. s. w.

Der Glanz und Luxus der genannten Säle wird noch übertroffen durch die sog. Neuen Säle, welche in der Regel geschlossen sind, aber zu jeder Stunde gezeigt werden. In Weiss
und Gold ist der Gartensaal dekorirt, im Stil Ludwig XVI., ein
sprudelnder Brunnen und seltene tropische Pflanzen schmücken
ihn. An ihn stossen der Saal Ludwig's XIV. und das Gemach
à la Pompadour, beide auf das Eleganteste dekorirt. Alle diese
Säle übertrifft aber an Glanz und Dekorationspracht der grosse
Ball- und Concertsaal im Stil Ludwig's XIII.; was die Renaissance in ihrer Blüthezeit an Schmuck und Zierde aufzuweisen,
wurde hier von französischen Künstlern (Séchan, Derchy u. a.)
würdig nachgebildet. Man muss diese Säle bei grossen Fest-
concerten oder bei einem Maskenball gesehen haben, wenn sie
in voller Pracht und im hellsten Lichterglanze strahlen, um ihre
gediegene Pracht zu würdigen.

Im westlichen Flügel des Conversationshauses, das in seiner
ganzen Länge 105 Meter misst, befindet sich die Marx'sche
Hofbuchhandlung, im östlichen Flügel sind die geräumigen
Restaurationszimmer, das Café mit Billard, Rauchkabinet u. s. w.
Der grosse geschmackvoll dekorirte Speisesaal fasst an 200 Per-
sonen und wird mitunter zu Festdiners, Bällen, musikalischen
Aufführungen u. s. w. benützt.

In unmittelbarer Nähe des Conversationshauses befinden sich
das Kopf'sche Atelier, das Theater und die Kunsthalle. Das
Atelier des Bildhauers Kopf, am Eingang in die Kaiser-
Wilhelm- und Werderstrasse, dem Messmer'schen Hause gegenüber, enthält werthvolle Bildhauerarbeiten, ältere und neuere
von der Hand des Meisters und seiner Schüler in Rom. Es
ist jeden Donnerstag von 3—5 Uhr Nachmittags geöffnet.

Die **Kunsthalle** liegt neben dem Theater und ist täglich
von 9 Uhr Morgens bis 6 Uhr Abends, an Sonn- und Fest-
tagen von 11 Uhr Vormittags bis 6 Uhr Abends geöffnet.
(50 Pfg. Eintrittsgeld). Sie enthält eine permanente Kunstausstellung und Ausstellung des Carlsruher und Rheinischen
Kunstvereins. Die Statuten des Vereins wurden kürzlich geändert und es fällt für die Besucher die bisherige Beigabe
eines Looses weg.

Das **Theater** liegt dem *Englischen Hofe* gegenüber; es ist 1860—62 nach dem Plane von Derchy, vom Architekten *Lang* ausgeführt; an der Front Skulpturen (von Durand), Poesie, Musik und Malerei darstellend, darunter das badische Wappen, rechts und links in Medaillons die Köpfe von Schiller und Göthe. Das Innere ist von Couteau wie ein fürstliches Residenztheater elegant und luxuriös ausgeführt; Alles scheint ursprünglich mehr auf den Besuch der vornehmen Welt als auf das grosse Publikum berechnet gewesen zu sein. Im Ganzen ist der Bau verfehlt, das Innere viel zu klein, während an Korridoren und Foyers grosser Raum verschwendet ist. Ohne Zweifel wäre es besser gewesen, wenn statt der vielen französischen, deutsche Künstler mit der Entwerfung des Plans betraut worden wären. Es findet im Winter wöchentlich (Mittwoch) eine Vorstellung von den Mitgliedern des vortrefflichen Grossh. Hoftheaters in Carlsruhe statt und es wird mit Oper, Schau- und Lustspiel abgewechselt; im Sommer finden mitunter 2 mal wöchentlich deutsche und französische Vorstellungen ausser Abonnement statt. Dekorationen und Bühneneinrichtung (von Mühldorfer) lassen nicht viel zu wünschen übrig.

Allgemein wird von den fremden Wintergästen über die Schwierigkeit geklagt, einen Platz im Parquet oder im Parterre zu erhalten (die Sitzplätze im Parterre sind fast ebenso bequem wie die Sperrsitze im Parquet), selbst wenn man mehrere Tage vor der angekündigten Vorstellung sich um ein Billet bemüht. Der Uebelstand soll von den vielen Freibillets und davon herrühren dass fast auf alle Plätze, mitunter von mehreren Mitgliedern einer und derselben einheimischen Familie der Stadt abonnirt ist. Die betreffende Behörde sollte diesem Uebelstande abzuhelfen bemüht sein. Ein Gesuch an die Carlsruher Theaterdirektion um 2 Vorstellungen (im Winter) in der Woche scheiterte an der Forderung einer allzu grossen Zulage zu dem bisherigen ansehnlichen Zuschuss der Stadt Baden-Baden.

Sowohl durch die Anlagen, wo der Springbrunnen mit mächtigem Strahl in die Augen fällt, als durch die Sophienund Lichtenthalerstrasse führt der Weg vom Conversationshause an dem, auf allzuhohem Granit-Piedestal „von der dankbaren Stadt Baden" 1861 errichteten **Standbilde des Grossherzogs Leopold** (vor dem Postgebäude) vorüber, nach der neuen schönen **Evangelischen Kirche**, auf dem Ludwig-Wilhelmsplatze, einer Zierde des südlichen Stadttheils. Sie ist das letzte Werk des † Bauraths *Eisenlohr.* Das Innere (Glasmalereien) steht schon seit 1864 in Gebrauch, dagegen wurden die beiden zierlichen Thürme erst im August 1876 vollendet; sie enthalten 4, im reinen Des-dur-Akkord stimmende Glocken

(das Metall schenkte der Grossherzog). Der ganze, in rein
gothischem Bau gehaltene Stil imponirt durch seine Einfachheit;
die Kirche ist aus behauenen Sandsteinen gebaut und fasst
etwa 1000 Personen; die Kosten wurden aus dem Badfond, aus
Sammlungen, Stiftungen und vielen Geschenken bestritten. Am
Portal befinden sich vier Standbilder der Evangelisten aus Stein
von *Hans Baur* in Konstanz, welcher bemüht war, in diesen
Bildern die nationale Verschiedenheit der Evangelisten im Ge-
sichtsausdrucke anzudeuten. Da es an freien, öffentlichen Plätzen
in Baden mangelt, so ist um so mehr zu bedauern, dass der
schöne Raum vor der Kirche durch eine widerliche barackcn-
artige Wohnung verunziert wird; hoffentlich überlässt der Besitzer dieselbe der Stadt demnächst zu einem recht billigen
Preise.

In geringer Entfernung, an der neuen Bertholdstrasse, befindet sich die **Englische Kirche** (anglikanische Kirche), mehr
einer Kapelle als einer Kirche gleichend; sie wurde im September 1867 durch den Bischof von Armagh eingeweiht und
dem Gottesdienste übergeben. Ein englischer Architekt entwarf
den Plan in dem sogenannten normännischen Stil, in welchem
viele kleine Kirchen Englands ausgeführt wurden. Glasgemälde
zieren das Innere, welches jedoch einen etwas düsteren Eindruck gewährt. In neuester Zeit predigen in dieser Kirche
auch einheimische Geistliche streng-orthodoxer Richtung.

Russische Gäste beabsichtigen den Bau einer Kirche für
ihren besondern Gottesdienst; bis jetzt findet derselbe in einem
Privathause statt. Eine Synagoge für Israeliten ist noch nicht
in Baden vorhanden; nur wenige Israeliten sind hier ansässig
und diese verrichten ihren Gottesdienst in einem Betsaal des
Gasthauses zum Baldreit.

In der Nähe der englischen Kirche, am rechten Oosufer,
zur Seite der Lichtenthaler Allee befindet sich das gut eingerichtete **Schwimmbad** (für beiderlei Geschlecht). Die Preise
sind mässig: 50 Pfg. für Bassinbäder, 70 Pfg. für Kabinetsbäder.

An der Fahrstrasse nach Lichtenthal (nicht mit der Strasse
durch die Promenade zu verwechseln) befindet sich das vortrefflich eingerichtete **Städtische Krankenhaus,** welches ebenfalls eine Zierde der Stadt genannt werden darf. Einige barm-
herzige Schwestern sorgen für die Pflege der Kranken und
die wirthschaftliche Verwaltung. Fremde Kranke finden hier
eine, ihren Lebensverhältnissen entsprechende Unterkunft zu

verschiedenen Preisen. Die Lage ist frei, aber doch geschützt, Garten und Umgebung freundlich. Dirigirender Arzt ist Dr. *Müller*.

In geringer Entfernung liegt der **Neue Friedhof** (Alter Friedhof s. o. Seite 49) am Südabhange des Annabergs, der früher Häslich genannt wurde. Er wurde vor etwa 30 Jahren angelegt, nachdem der Raum des alten Gottesackers viel zu eng geworden. Auf dem früher kahlen Terrain erheben sich bereits schattenspendende Baumgruppen und die zahlreichen Grabstätten schmückt eine Fülle von Blüthen und Blumen, welche Liebe und Achtung der Angehörigen den Heimgegangenen alltäglich spendet. In der Mitte des Friedhofs befindet sich die Kapelle, ein Rotundenbau von *Hübsch*. Die Zahl geschmackvoller Denkmäler vermehrt sich von Jahr zu Jahr; von künstlerischem Werth ist das Marmormonument auf der Ruhestätte der Fürstin Hohenlohe, Halbschwester der Königin Victoria von England, ausgeführt von ihrem Sohne (unter dem Künstlernamen: Graf von Gleichen); ferner der Genius auf dem Grabe der Freundin der Herzogin von Hamilton, Christiane Allmann, von Lotsch (aus Carlsruhe) in Rom; das Kriegerdenkmal, 1873, Plan von Meeser, Bildhauerarbeit von Leile; ferner die Grabmonumente für Dr. Füsslin, Maler Saal, Dr. Gugert, für die Familien Gaus, Kah, Beuttenmüller, Jörger, Plessen, Arnold, Stadelhofer, Grosholz, Merkle (Genius von Kaffenberger) u. s. w.

Der Annaberg, die Villa Borchard, die Falkenhalde liegen in der Nähe des neuen Friedhofs.

Wir hoffen in den bisherigen Schilderungen von den hervorragendsten Sehenswürdigkeiten der Stadt nichts übergangen zu haben. Von der **Molkenanstalt** am Fusse des Sauersbergs wird bei den näheren und ferneren Spaziergängen die Rede sein. Die **Schiessstätte** am westlichen Ende der Stadt, in der Nähe des Bahnhofs, besitzt eine neue, allen Anforderungen entsprechende Schützenhalle, welche vor etwa 15 Jahren von der hiesigen Schützengesellschaft erbaut wurde. Fremden Liebhabern des Schützenwesens wird hier gegen billige Vergütung die Benützung der Waffen und Scheiben gestattet. Zwei gut eingerichtete Kegelbahnen, helle grosse Wirthschaftslokalitäten, schattige Plätze, Garten, bedeckte Gartenhalle u. s. w. ziehen im Sommer ausser den Schützen zahlreichen Fremdenbesuch heran. Die Schiessstätte liegt am Fusse eines waldumsäumten Ausläufers des Batters mit den Schlossruinen von Hohenbaden im Hintergrunde.

An der Seite der Schiessstätte befindet sich die zierliche, geräumige **Turnhalle**, deren Einrichtung eine sehr zweckmässige und vollständige ist. Sie wurde 1869 erbaut. Der innere Raum dient häufig zu Ausstellungen, Festen und grösseren Versammlungen. In unmittelbarer Nähe befindet sich die reichhaltige **Baumschule und Blumengärtnerei** von *Vogel-Hartweg*. Blumen, Blumenbouquets, Früchte aller Art sind in den Obstbuden am Augusta-Platz und in der Luisenstrasse zu haben. (Hohe Preise.) Die früher auf dem Wege zur Schiessstätte stehende **Gasfabrik** wurde hinter den Bahnhof, an den Ausgang des Michelbachthälchens verlegt, durch welches ein anmuthiger Weg nach dem Unteren Selighof u. s. w. führt.

Pferderennen, Taubenschiessen u. s. w. finden in Iffezheim statt. Liebhaber der **Jagd** finden in den ausgedehnten Stadtwaldungen und in den entlegeneren Wäldern des Schwarzwaldes die beste Gelegenheit zur Ausübung dieses Vergnügens. Jagdkarten werden im städtischen Bezirks-Forstamt für einen Tag, für Woche, Monat oder ganze Saison zu verschiedenen Preisen ausgegeben. Der Besitzer solcher Jagdkarten hat sich natürlich den bestehenden Gesetzen und Einrichtungen zu fügen. Dasselbe gilt von der **Fischerei**. Eine Fischereigesellschaft in Baden-Baden besitzt das Fischereirecht für grosse Strecken der Oos, der Murg und viele sog. Altwasser des Rheins. Nichtmitglieder dieser Gesellschaft können gegen entsprechende Zahlung für bestimmte Zeit vom Kurcomité und dem Vorstande der Gesellschaft Erlaubnisskarten zum Fischen erhalten. Wer Mitglied der Fischereigesellschaft werden will, zahlt ausser der Eintrittssumme (60 Mark) einen jährlichen Beitrag, der nach den Bedürfnissen und Einrichtungen bestimmt wird. In neuester Zeit entwickelte diese Gesellschaft grossen rühmlichen Eifer für Betreibung der künstlichen Fischzucht. Von dieser wird bei der Schilderung der Ausflüge in's Oosthal später die Rede sein; es genüge hier kurz anzuführen dass die Fischzuchtanstalt der Herren Haldenwang und Kauffmann (mit Restaurant verbunden) in Zukunft einen der Lieblingsausflüge der Badener Gäste bilden wird.

Die Umgegend von Baden.
Nähere Umgebung und Ausflüge.

I. Die nähere Umgebung.

Das Alte Schloss.

Sowie in Heidelberg das Hauptziel aller Besucher die herrliche Schlossruine, unstreitig die schönste und grossartigste in ganz Deutshland, ist, so bildet bei Baden-Baden die Schlossruine von **Hohenbaden**, das sog. **Alte Schloss** (nebst Lichtenthal) den Hauptanziehungspunkt.

Wir führen also unsere Leser zuerst, bevor wir die näheren Spaziergänge skizziren, dahin. Fussgänger schlagen gewöhnlich den Weg durch die obere Stadt, am Rathhaus und am Neuen Schloss vorüber, ein. Das Neue Schloss lernten wir bereits kennen (s. Seite 29 u. ff.). Ein guter Fahrweg führt auf dem sog. Türkenwege, am Schlossgarten vorüber, biegt sanft ansteigend, bei einem Stein mit dem badischen Wappen rechts ab, wendet sich in der Nähe des Guts Hungersberg links (an dem Denkstein vorüber, den die Badener dem Herrn v. Montperny, der sich um den Fahrweg Verdienste erwarb, setzten) und zieht sich in Schlangenwindungen, bald rechts, bald links, au einem Brunnen frischen Quellwassers vorüber, bis zum Schlosseingange empor. Wagen, Pferde, Esel haben ihre Halt- und Wartestelle wenige Schritte vor dem Schlosse. Die Eselstation, wo zu jeder Stunde Reitesel für Herren und Damen zu feststehendem Tarif ($1\frac{1}{2}$ Mark bis zur Schlossruine) zu haben sind, befindet sich am Wege in der Nähe des Neuen Schlosses. Gute Fusswege kürzen von der Hütte in der Nähe einer Brunnenstube an bedeutend und durchschneiden in meist gerader Richtung die Fahrwege.

Ein anderer Fahrweg führt aus der nächsten Umgebung des Bahnhofs, an der stattlichen Turnhalle und an der Schiessstätte, ferner durch Wald, am v. Thal'schen Gute (Krippenhof) vorüber, zu einer offenen tempelartigen Halle, in deren Mitte die **Marmorstatue eines Schutzengels** auf hohem Piedestal sich befindet, welche der Fürst von Fürstenberg zur Erinnerung an eine hier glücklich überstandene Gefahr seines Sohnes im Jahre 1870 errichten liess. Die in geschmackvollem Stil ausgeführte Halle hat Ruhebänke und man geniesst auch von diesem Punkte einen herrlichen Blick auf die Stadt und ihre Umgebung, besonders auf die gegenüber liegende griechische Kapelle und das Burgschloss Solms. Ein Echo, welches hier vernommen wird, gab dem Platz und seiner Umgebung den Namen. Am Neuen Schloss mündet dieser Weg in den oben bezeichneten.

Hinter der oben genannten Hütte mit Ruhesitzen (am Fahrwege) erhebt sich ein Vorsprung, ebenfalls mit einer Hütte versehen, welche den Namen **Sophienruhe** führt (350 M.) und ebenfalls eine herrliche Aussicht gewähren könnte, wenn der Baumwuchs nicht hindern würde. Wegweiser bezeichnen den vom Fusswege links abbiegenden Pfad dahin. Die Entfernung bis zur Schlossruine beträgt von Baden aus 1 Stunde.

Die riesigen Burgmauern, welche aus dem Dunkel moosbedeckter Tannen, uralter Buchen, Eichen und Ahorne hervorragen, verkünden die frühere Grösse und den bedeutenden Umfang des Schlosses, welches 491 Meter ü. M. liegt. Alle Theile sind jetzt, nachdem die Trümmer Jahre lang, bis Grossherzog Leopold sie in Schutz nahm, unbeachtet lagen, durch Treppen und Schutzwehren zugänglich gemacht, so dass man ohne Gefahr überall umherwandern und auch den Thurm besteigen kann, der nebst demjenigen auf dem Merkur die schönste und weiteste Fernsicht auf die dunkeln Schwarzwaldberge, die blauen Vogesen, den glitzernden Rheinstrom und das blühende Rheinthal geniessen kann. Ein Fernrohr steht auf dem Thurme zur Verfügung, Aeolsharfen sind an mehreren Stellen angebracht. Vor dem Eingange in den Schlosshof befinden sich Tische und Bänke in schattiger Lage; Erfrischungen aller Art sind in der gut eingerichteten *Schlossrestauration* zu haben; diese Restauration befindet sich in dem früheren Schlosszwinger, wo die St. Ulrichskapelle stand. Die Wirthschaftslokalitäten sind in mittelalterlichem Stil hergerichtet und in neuester Zeit um einen hübschen Salon und einige Nebengemächer zum Aufenthalt bei zweifelhaftem Wetter vermehrt.

Die Erbauung des Alten Schlosses — an mehreren Stellen hält man den Unterbau für römisch — wollen Einige bis in's

10. oder 11. Jahrhundert zurückführen. Bei der Schilderung des Neuen Schlosses (s. Seite 29 u. ff.) war bereits von dem Alter Hohenbaden's die Rede. Wir verweisen die Freunde deutscher Kunst- und Kulturgeschichte wiederum auf das trefiliche Buch von *Krieg von Hochfelden: Die beiden Schlösser zu Baden, Ehemals und Jetzt, Carlsruhe 1851.*

In diesem Buche ist von den ältesten urkundlichen Erwähnungen, dem wahrscheinlichen Alter und der Lage des Schlosses die Rede; der Wartthurm, das sog. Belvedere, die Terrassenmauer, der Vorhof, der sog. Rittersaal, die Thore, die Zwinger, die Ringmauer, die Keller, die Schlosskapelle, der Brunnen u. s. w. sind genau beschrieben, das Baualter der verschiedenen Theile (hermannischer, bernhardinischer und jakobischer Bau), Abgang und Zerstörung des Baus ebenfalls.

Krieg v. Hochfelden bemerkt sehr richtig dass der Name Baden die Verdeutschung von Civitas aquensis der Römer ist und dass aus den Urkunden von 987, 994 und 1112, wo Markgraf Hermann II. Marchio de Badin heisst, die Frage über den eigentlichen Ursprung des alten Schlossbaus nicht beantwortet wird; schwerlich war hier schon im 13. Jahrhundert ein bleibender Wohnsitz der Markgrafen und Aufschlüsse über das Alter des Schlosses sind mehr aus seiner Anlage, aus der Technik des Mauerwerks und aus den wenigen übrig gebliebenen Ornamenten zu erhalten als aus einigen Schenkungsurkunden. Aus den allgemeinen Umrissen der Anlage von Hohenbaden erhellt, dass eine obere und untere Burg vorhanden war, letztere auf ihrem Felsen geschützt gegen die Angriffswaffen des Mittelalters. Etwa 1102 wo Markgraf Hermann II. im Besitz des Uffgaus war, mag der Bau der Burg begonnen haben und nach etwa 15 Jahren vollendet worden sein. Zu Ende des 14. Jahrhunderts vervollständigte und verschönerte Markgraf Bernhard I. den Bau, wie aus einigen Wappenschilden (z. B. am Säulenkapitäl in dem einst prächtigen, mit grossen Kaminen versehenen Saal, Rittersaal genannt) erhellt. Markgraf Jakob I. hinterliess später (1437) nicht unbedeutende Bauten als Denkmal seines Waltens auf Hohenbaden. Die Burg blieb in bewohnbarem Zustande bis sie am 18. August 1689 gleichzeitig mit dem Neuen Schloss von den Franzosen zerstört wurde. Von der ersten Hälfte des 13. Jahrhunderts bis gegen Ende des 15. zählt man 20 badische Fürsten, welche ihren Sitz oder zeitweiligen Aufenthalt auf Hohenbaden genommen hatten. Einer, dem h. Ulrich geweihten Schlosskapelle geschieht in einer Urkunde von 1373 Erwähnung; sie besass mehrere von verschiedenen

Markgrafen gestiftete Pfründen. In einem Thurm des Schlossbaus soll (der Sage nach) Markgraf Bernhard der Seliggesprochene, 1439 geboren sein. Im Jahre 1479 verliess Markgraf Christoph I. den Ahnensitz von Hohenbaden und bezog das von ihm erbaute Neue Schloss, wurde aber später geisteskrank dahin zurückgebracht, wo er 1527 starb; dann diente Hohenbaden bis 1689 einigen Markgräfinnen als Wittwensitz. Auf der Thurmzinne gedenkt man des Bildes in der Neuen Trinkhalle wo, der Legende nach, die Mutter Gottes einer Markgräfin erscheint und ihr das Aufhören der Pest zusichert, wenn sie eines ihrer beiden schlafenden Kinder der Kirche weihen würde. Einer andern Sage nach wurde die Pest dadurch beseitigt dass man die heissen Quellen tagelang durch alle Gassen des Orts fliessen liess.

Nachdem man sich in der Schlossruine umgesehen, den Rittersaal, die Terrassen mit den Aeolsharfen besucht, auf schmalen Treppen den Thurm bestiegen und sich an der herrlichen Aussicht erfreut, kann man, am obern Thurm vorüber, dessen Grundmauern römischen Ursprungs sein sollen, aufwärts auf Stiegen zu den sog. **Felsen des Batters** (566 M.) wandern; es ist dieser Weg etwas steil und wird nicht häufig eingeschlagen, ist aber dennoch sehr zu empfehlen. Bald erreicht man die hohen, jähen, vielfach zerklüfteten Felsmassen, welche in vierfachen Gruppen gleichsam riesige Stützpfeiler der Südseite des Batters bilden; eine grossartige Aussicht geniesst man von dem Plateau dieser Gruppen, welche in phantastischen Formen, bald den Trümmern eines Thurmbaus oder einer Burgmauer, bald einem Bergsturze mit weitumher geschleuderten Felsstücken gleichen. Ein Blick in die jähe Tiefe überzeugt von der mächtigen Erdrevolution, die einst hier stattfand. Schützende Geländer sind an mehreren Stellen angebracht und an Wegweisern fehlt es auch nicht; nur an einem schützenden Obdach bei plötzlich eintretendem Unwetter fehlt es noch auf diesem oberen Felsenwege. Den schönsten Punkt bildet hier die **Felsenbrücke,** von welcher eine Felsentreppe durch ein wildromantisches Chaos von Steinmassen auf den unteren Felsenweg und dann rechts zum Alten Schloss zurückführt. Wer den oberen Fussweg über die Felsen verfolgt, kann leicht nach der, hinter dem Batter liegenden Ebersteinburg (s. u.) gelangen oder auf kürzerem Wege als demjenigen über das Alte Schloss, am Hungerbergerhof vorbei nach Baden zurückkehren.

Der untere Felsenweg bietet keine Aussichten dar, wie der obere; auf dem Rückwege zum Schloss zieht sich links ein hoher Tannenwald in's Thal hinab, belebt vom Gesang der Vögel; rechts starren in seltsamen Gebilden die Felsen empor, welche wir oben überschritten, abwechselnd mit übereinandergeschleuderten Felsstücken, versteinerten Meereswellen gleichend. Durch eines dieser Steingewirre schlängelt sich der sog. **Einsiedlerpfad**, der aber nicht auf den oberen Felsenweg, sondern auf den unteren zurückführt; diesen romantischen Pfad verdankt man hauptsächlich den Bemühungen des † Grafen *Broussel*, wie eine Felsen-Inschrift am Wege es kundgibt.

Die ganze oben beschriebene Tour nimmt 3—4 Stunden in Anspruch; sie kann leicht mit dem Besuche anderer Punkte, die wir demnächst schildern werden (Ebersteinburg, Wolfsschlucht, Teufelskanzel, Merkur u. s. w.), verbunden werden.

Lichtenthal.

Einen andern Hauptanziehungspunkt für die Besucher Badens bildet Lichtenthal (½ Stunde Entfernung) und die herrliche schattige Allee, die als Fortsetzung der Promenade in der Nähe des Conversationshauses, dahinführt. Uralte Eichen und Ahorne überwölben den Fahrweg und die Fusswege, welche den ganzen Tag bis zum späten Abend von Kurgästen in buntester Menge, von glänzenden Equipagen, Fiakern, Reitern und Fussgängern belebt sind. Rechts und links erstrecken sich geschmackvolle Anlagen mit seltenen Bäumen, Gesträuch und duftenden Blumen; Villen und Landhäuser liegen an den Seiten; ausser dem stattlichen Springbrunnen mit hohem Wasserstrahl sind Brunnen mit gutem Trinkwasser, zierliche Buden mit erfrischendem Getränk vorhanden. Links plätschert die vielfach überbrückte Oos am Schwimmbad, an Wiesen, an hübschen Villen und mehreren Gasthöfen vorüber und bei jedem neuen Schritt öffnen sich vor- und rückwärts reizende Aussichten auf den Merkur und andere Höhen. Links am Wege steht der 1859 zu Ehren Schiller's gesetzte Schillerstein. Bei dem sog. „Alleehaus" wo sich der Thalgrund von Thiergarten öffnet, nimmt die schöne Strasse eine östliche Richtung, die sie etwas weiter aufwärts wieder mit der früheren südlichen vertauscht. Am Petersbrunnen laden Sitze unter schattigen Bäumen zum

Ausruhen ein und bei einer abermaligen Wendung des Weges, neben einer kleinen Kapelle, öffnet sich das anmuthige Thälchen von Gunzenbach mit mächtigen dunkeln Bergen im Hintergrunde, während im Mittelgrund Lichtenthal mit dem von waldigen Höhen umschlossenen Thal von Beuern erscheint. Eine kleine eiserne Brücke, in der Nähe des Aubrunnens bildet die Grenze zwischen Baden und Lichtenthal. Ein mit getheerter Leinwand vor dem Abschneiden von Rinde (als Andenken) geschützter Baum, der schönen Villa Merck gegenüber, bezeichnet die Stelle, wo im Jahre 1861 das Attentat auf den König von Preussen, den jetzigen Deutschen Kaiser, gemacht wurde.

Die weniger anmuthige grosse Landstrasse von Baden nach Lichtenthal führt durch die Lichtenthalerstrasse, am städtischen Krankenhause vorüber und vereinigt sich beim *Ludwigsbade* mit der Alleestrasse.

Die Nähe Badens, die schöne Umgebung, mehrere gute Gasthöfe und Privatwohnungen und auch das etwas billigere Leben bilden den Grund zu einem zahlreichen Besuche Lichtenthals und einem längern Aufenthalt daselbst. Dazu kommt dass Dichter und Schriftsteller nicht müde wurden, Lichtenthal im Mondeslicht mit der „wie Silber, gleich einer Perlenschnur über die Matten dahin plätschernden Oos", ferner die Landhäuser, Chalets, Pavillons, die sich im Bache spiegeln, die Vegetation, die Frühlings- und Herbstabende, die hier in feierlicher Stille zu geniessen sind, zu besingen. Sang doch schon *Justinus Kerner* über Lichtenthal:

> Frag' nicht: warum war Deine Wahl
> Das fern geleg'ne Lichtenthal,
> Statt Badens stolzer Quelle?
> Fliehst Du nicht gern in's Mondenlicht,
> Mein Freund! wenn Gram Dein Herz zerbricht,
> Vom Markte zur Kapelle?

> Glanzreiche Sonne, Dir sei Preis!
> Doch wem Du bist zu licht, zu heiss,
> Der flieh mit seinen Wunden
> In's lichte Thal, vom Zauberstrahl
> Des Monds verklärt, nach Lichtenthal! —
> Gewiss, er wird gesunden!

Lichtenthal (186 Meter) hiess früher Beuern und war in Unter- und Oberbeuern abgetheilt, bis Grossherzog Friedrich das Ganze mit Einem Namen belegte. Die Gemeinde mit dem Kloster Lichtenthal zählt jetzt etwa 3000 Einwohner. Die ersten

Gasthöfe sind: *Bär* mit schönem Garten (Pavillons) und viel besuchtem Restaurant. *Ludwigsbad* mit Restaurant, Fluss- und Stahlbädern. *Kreuz* mit Brauerei. *Löwe*, am Ende des Orts. Mehrere Brauereien und Bierhäuser. Gutes Bier in der einfachen Wirthschaft: *zum Cäcilienberg*, an der Oosbrücke, beim Aufgang auf den Cäcilienberg. Die Aussicht vom Pavillon des Cäcilienbergs in die Thäler von Ober-Beuern und Geroldsau mit den hohen Schwarzwaldbergen im Hintergrunde, auf die Seelach und die neue Kirche bildet nebst dem Kloster die Hauptsehenswürdigkeit Lichtenthals. Der Name Cäcilienberg rührt von einer Aebtissin her.

Der heil. Bernhard, Abt von Clairvaux (clara vallis, Lichtenthal) soll einst den Wunsch geäussert haben, an dieser schönen Stelle ein **Kloster** zu besitzen; im Jahre 1245 erfüllte Irmengard, eine Enkelin Heinrichs des Löwen und Wittwe des Markgrafen Hermann V. diesen Wunsch, wie ein Gemälde der Kirche zeigt; sie starb 1260 im Kloster und ruht vor dem Hauptaltar, wo ihr ein steinernes Monument (vom Bildhauer Wölfelin) mit lateinischer Inschrift errichtet wurde. Auf der entgegengesetzten Seite befindet sich das steinerne Grabmal Konrads von Fürstenberg. Unter der Kirche ruhen viele badische fürstliche und adelige Personen, deren Namen die Grabschriften bezeichnen. Mehrere Töchter des badischen Fürstenhauses nahmen in diesem Kloster den Schleier.

Aus Rücksicht auf die Stifterin, die Beziehungen des Klosters zum badischen Fürstenhause und die Ruhestätte so vieler Angehörigen, blieb das Cisterzienser-Kloster Lichtenthal bei der Aufhebung der Klöster 1802 erhalten, empfing aber eine andere Organisation. Es soll jetzt 24 Nonnen und einige Novizen unter einer Aebtissin zählen, die sich mit dem Unterricht der weiblichen Jugend beschäftigen, aber einer strengen Klausur unterworfen sind.

Von 1247 bis jetzt werden 40 Aebtissinnen namhaft gemacht. Den grossen Umfang des Klosters, welches die Kirche, viele Oekonomiegebäude, Scheunen, eine Mühle, Stallungen und Remisen in sich schliesst, erkennt man am besten, wenn man durch den gepflasterten Hof geht, den Steg über die Oos überschreitet, den Zickzackweg zum Cäcilienberg emporsteigt und von hier aus hinabblickt. Die Klosterkirche besitzt einige gut restaurirte Gemälde (Altargemälde) und eine steinerne Kanzel.

Neben der Klosterkirche befindet sich die ältere, kleinere Kirche, die vom Grossherzog Leopold restaurirte und mit Glasmalereien gezierte sog. **Todtenkapelle;** sie ist reich an Gemälden, unter denen einige von Hans Baldung sind; sie war das Erbbegräbniss der badischen Markgrafen bis auf Rudolf VI., dessen schönes Monument sich in der Mitte des düstern Raums befindet: das von Rudolf IV. ist östlich vom Hauptaltar. Der Bauernkrieg und die Reformation schadeten dem Kloster nur wenig und zur Zeit der französischen Mordbrennereien soll es durch die List einer Nonne gerettet sein, welche vorschlug das Dach abzudecken um das Kloster als schon ausgeplündert erscheinen zu lassen; wahrscheinlicher ist dass der französische Befehlshaber den durchziehenden Horden aus Wohlwollen für eine elsässische Klosterschwester, die früher bei ihm gedient, das Kloster zu schonen befahl. Ein Bild in der Trinkhalle stellt die angstvoll bei dieser Gelegenheit in der Kirche betenden Nonnen dar. Das Kloster soll zu Anfang des 18. Jahrhunderts 80 Nonnen gezählt haben, so dass Einschränkungen stattfinden mussten. Neben der Todtenkapelle befindet sich das Waisenhaus, gegründet durch eine Schenkung von 200.000 Francs des in London reich gewordenen Schneiders G. Stulz aus Kippenheim, der für diese und andere wohlthätige Stiftungen vom Grossherzog Leopold geadelt wurde und den Beinamen von Ortenberg erhielt. Andere Geschenke ermöglichten die Vergrösserung dieser Anstalt: für etwa 70 Kinder sind zwei Lehrer angestellt.

Lichtenthal besass längere Zeit hindurch nur die Klosterkirche, welche bei zunehmender Bevölkerung für den Gottesdienst nicht ausreichte: es wurde daher an passender Stelle, in malerischer Umgebung auf der Anhöhe hinter der Oosbrücke, wo der Grobach sich mit dem Oosbach vereinigt, eine schöne grosse Kirche gebaut, welche weithin sichtbar und eine Zierde des Orts und des Thals ist. Sie wurde nach des Bauinspektors *Dernfeld* Plan und unter der Leitung des Architekten *Sommer* im romanischen Stil erbaut. Das Schiff der Kirche hat eine Länge von 34 Meter und eine Breite von 21 Meter. Fresken von Hauschild, Kreuzweg von Buisson. Glasgemälde der Heiligen: Wolfgangus, Bernhardus, Bonifacius und Hermannus mit einem Christus in der Mitte, die 12 Apostel al fresco, eine Kanzel aus Marmor u. s. w.

Lichtenthal besitzt einen tüchtigen Arzt (Dr. Seelos) aber keine Apotheke, hat Post- und Telegraphenbureau, eine gut organisirte Postomnibus-Verbindung mit Baden und bietet, was sonstige Lebensbedürfnisse betrifft, das Hinreichende dar. Eine photographische Anstalt (Mack) ist ebenfalls vorhanden. Zu einem Winteraufenthalte eignet sich aber Lichtenthal aus mehreren Gründen nicht.

Wir haben in Obigem die beiden beliebtesten Ausflüge der Kurgäste und Touristen vorangestellt und schreiten jetzt zu der Schilderung anderer Spaziergänge und Ausflüge, die sich theilweise an das Gesagte anschliessen. Wir beginnen mit denjenigen, welche rechts von der Oos und von Baden-Baden liegen und lassen die links gelegenen (näheren und ferneren) folgen.

Ebersteinburg. Wolfsschlucht. Teufelskanzel. Engelskanzel.

Der Ausflug auf die Ebersteinburg kann leicht mit demjenigen auf das Alte Schloss (Hohenbaden) verbunden werden; man schlägt alsdann entweder den Weg über die Felsen ein oder denjenigen, der an der Westseite der Schlossruine durch prächtigen Wald in mehreren Windungen nach dem ziemlich ärmlichen Dörfchen Ebersteinburg führt (428 Meter, *Krone*), von wo die etwa 30 Meter höher liegende gleichnamige Ruine, auch Alt-Eberstein genannt, in wenigen Minuten zu Fuss erreicht wird. Vom Alten Schloss nach Ebersteinburg rechnet man 35—40 Minuten für Fussgänger. Wer direkt von Baden-Baden aus diese Ruine besuchen will, hat am östlichen Ende der Stadt, durch die Seufzer- (Weiden-) Allee, die alte steile Gernsbacherstrasse einzuschlagen oder rechts und links die schattigen Fusswege zu wandern, welche (Wegweiser an vielen Punkten) auf den Sattel bei der Teufelskanzel führen, wo sich die Wege auf den Merkur, nach Gernsbach und nach Ebersteinburg scheiden. Dieser Sattel hat die Höhe von 373 Meter. Am Ende der von alten Weiden und Ahorn überwölbten Seufzer-Allee, rechts vom sog. Türkenwege, den Markgraf Ludwig durch gefangene Türken anlegen liess, befinden sich am Steinwäldchen (Brunnen) anmuthige Spaziergänge, welche viel besucht sind.

Alt-Eberstein oder **Ebersteinburg** liegt mit einem noch gut erhaltenen und durch bequeme Treppen zugänglich gemachten Thurme auf einem nach der nordwestlichen Seite steil abfallenden Berge und gewährt eine weite Fernsicht über die Vorhügel des Murgthals, die Rheinebene, bis zu den rheinbayerischen Bergen; die Festung Rastatt liegt deutlich zu den Füssen, doch hindern Batter und Merkur die Aussicht in östlicher Richtung. Eine kleine in den Ruinen aufgeschlagene *Wirthschaft* bietet Erfrischungen dar.

Auch diese Ruine soll einst ein römischer Wart- und Signal-
thurm und während der Kriege der Franken eine ansehnliche
Veste des Uffgaus, der Sitz der Grafen von Calw gewesen sein,
welche Einige als die Ahnen der Grafen von Eberstein betrachten. Mit Berthold I. beginnt die Geschichte der Grafen
von Eberstein, über deren Ursprung verschiedene Sagen und
Legenden vorhanden sind. In der Fehde Wolfs von Eberstein
mit Graf Eberhard dem Rauschebart (von Württemberg) ging
die Burg in Flammen auf. Später wurde ein Theil der Ebersteinischen Besitzungen gegen eine Kaufsumme an die Markgrafen von Baden abgetreten, welche hier eine Zeit lang wohnten
und Bauten aufführten. Die Ebersteiner hatten übrigens schon
lange die alte Burg verlassen und das Schloss Neu-Eberstein
bei Gernsbach erbaut; auf der alten Burg wohnten später nur
die Beamten der Besitzer; sie scheint nicht mit Gewalt zerstört, obschon die Franzosen 1689 auch hier arg hausten, sondern nach und nach in Verfall gerathen zu sein. Markgraf
Philibert gab sie den Bewohnern des gleichnamigen Dorfs für
12 Gulden jährlichen Zins in Pacht und diese holten ihre Bau-
steine von dort.

Sagen und Legenden, die von Uhland, Max von Schenkendorf u. A.
dichterisch behandelt wurden, knüpfen sich an diese Burg, z. B. diejenige
dass Otto I. dieselbe lange vergeblich belagerte und, getäuscht über die Vor-
räthe der Belagerten, durch List einzunehmen versuchte, indem er den Grafen
von Eberstein verlockte, einem Turnier in Speyer beizuwohnen, um während
dessen Abwesenheit die Veste zu überrumpeln. Otto des Ersten Tochter (oder
Schwester) soll bei'm Tanze die List verrathen und des Grafen rasche Rückkehr die Burg gerettet haben; später soll dann der tapfere Graf die Tochter
zur Gemahlin erhalten haben.

Tapferkeit, Edelmuth und Freigebigkeit werden als besondere Tugenden des Geschlechts der Ebersteiner gerühmt; die
allzugrosse Freigebigkeit gegen Klöster führte aber den Verfall
des Hauses herbei, dessen Besitzungen an die badischen Markgrafen gelangten.

Angenehme, aber einsame Waldwege führen von der Burg nach
Selbach, Gaggenau, Rothenfels, Kuppenheim, Hauneberstein,
Balg u. s. w. Von einem kleinen Nonnenkloster Nattenhausen,
zwischen der Burg und dem Dorfe, ist keine Spur mehr vorhanden.

In geringer Entfernung vom Dorfe, links vom Wege, der
über den Sattelpass der alten Strasse in's Murgthal führt (Wegweiser) liegt die romantische **Wolfsschlucht,** ohne Zweifel nach
Weber's „Freischütz" umgetauft, denn der frühere Name war
Eselsklamm. Es ist eine sehenswerthe wilde Thalschlucht, die

jetzt häufiger besucht wird und daher zugänglicher gemacht und mit Ruhesitzen versehen ist. Eine jäh emporstrebende Felswand zeigt ein Kreuz zum Andenken an einen hier Verunglückten. Wer aus der Wolfsschlucht auf den schon erwähnten Sattelpass zurückkehrt (von welchem zwei Wege in 1½ Stunden nach Gernsbach führen: der eine, etwas längere, an einer einsam gelegenen bunt geschmückten Waldkapelle vorbei, über Selbach, der andere über Neuhaus, 360 Meter, und Staufenberg) besuche die nahe gelegene Teufelskanzel. Die sog. **Teufelskanzel** besteht aus einem mächtigen Felsblock, der einst vom Batter herabgestürzt zu sein scheint; man findet hier eine Ruhebank und geniesst einen herrlichen Blick auf die Stadt Baden und die Berge in ihrem Rücken. Ihr gegenüber, etwas höher, liegt die sog. **Engelskanzel,** ebenfalls eine Steinmasse, die sich von dem vielfach zerklüfteten Batter löste. Auf dieser soll, der Legende nach, ein Engel das Christenthum gepredigt haben, während gegenüber der Teufel seine verführerischen Kanzelreden hielt. Gott Vater — heisst es — wollte solchen Unfug des Teufels nicht dulden, packte ihn und schleuderte ihn an einen Felsen bei Loffenau, wo der Eindruck seines Pferdefusses zu sehen ist. Die Sage deutet auf den Streit des Heidenthums mit dem Christenthum, welches in dieser Gegend durch das uralte Geschlecht der Grafen von Calw auf Eberstcinburg, Verbreitung gefunden haben soll. Vielleicht stand auf dem abgeplatteten Felsblock der Teufelskanzel ein heidnischer Opferaltar, schwerlich aber das Merkurbild, welches auf den grossen Staufenberg verschleppt wurde. Ein Freskogemälde in der Trinkhalle stellt die Teufels- und Engelslegende dar.

Merkur.

Auf den weithin sichtbaren **Merkuriusberg** (eigentlich: Grosser Staufenberg) der durch einen Sattel mit dem Kleinen Staufenberg zusammenhängt, führen bequeme Fuss-, Reit- und Fahrwege. Er hat die Höhe von 672 Meter (der Kleine Staufenberg ist 624 Meter hoch) und führt den Namen von einem in Baden gefundenen Gedenkstein mit dem Bilde des Gottes, einem Schlangenstab und einer unleserlichen Inschrift, in welcher vielleicht ein dem römischen Kaufmannsstande angehöriger Kurgast

(Rufo, Pruso oder Curio) der alten Bäderstadt seinen Dank
für glückliche Heilung von Gicht und Rheumatismus aussprach.
Dieser Votivstein diente hier oben vermuthlich als Markstein
der drei Gemarkungen Baden, Ebersteinburg und Staufenberg.
Von Baden-Baden führt der Fahrweg an der Seufzer-Allee
vorüber auf die Höhe bei der Teufelskanzel (1 Stunde). Schatten-
reichere Fusswege führen rechts und links auf diesen Punkt,
von wo die Fuss- und Fahrwege weiter auf den Gipfel führen
(1¹/₄ Stunde). Man rechnet von Baden aus 2¹/₄ Stunden. Der
Rückweg ist in 1 Stunde zu bewerkstelligen. Wegweiser überall;
an den schönsten Aussichtspunkten sind Bänke, Schutzhütten
angebracht; grosse Steinbrüche (sie wurden bei dem Bau des
Hochreservoirs auf dem Annaberg viel benützt) finden sich an
mehreren Stellen. Den Gipfel des Merkur ziert ein weithin
sichtbarer, 23 Meter hoher Thurm, auf dessen Plattform 130
Stufen führen. Ein herrliches Panorama entfaltet sich hier:
Rauhe Alb, Hornisgrinde, Badener-Höhe und andere Berge des
Schwarzwaldes, Vogesen, Rheinebene in weiter Ausdehnung mit
unzähligen Städten und Dörfern übersäet. Ein einfaches Restaurant bietet während des Sommers Erfrischungen dar; auch ein
Fernrohr ist vorhanden. Viele verschaffen sich hier den lohnen-
den Genuss eines Sonnenaufganges oder Sonnenunterganges.
Der vielfach angestrebte Bau einer Kammradbahn nach dem
Muster der Rigibahn und eines grössern Hôtels zu Luftkuren,
kam nicht zur Ausführung und somit fehlt es bis zur Stunde
an einem behaglichen Unterkommen auf dieser Höhe. ·
    Eine Viertelstunde unter der Höhe, am sogenannten Binsen-
wasen, auf dem Sattel, welcher die beiden Staufenberge trennt,
befindet sich eine Schutzhütte mit Wegsteinen in der Nähe,
welche verschiedene Richtungen zum Bergabsteigen (nach Staufenberg, Lichtenthal, Teufelskanzel, Müllenbild, Gernsbach u. s. w.)
angeben. Man wähle zur Rückkehr die neu angelegte schattige
Fahrstrasse über das Müllenbild, welche sich um den Kleinen
Staufenberg an der Westseite herumwindet und eine Reihe von
herrlichen Ausblicken gewährt (Bänke an den schönsten Punkten). Vom sog. Müllenbild führt dann der Weg, an der Fischzuchtanstalt vorüber, durch das schöne Thal von Oberbeuern
über Lichtenthal nach Baden zurück.
    Fussgänger können vom Binsenwasen aus, statt des ge-
wöhnlichen Wegs an der Teufelskanzel vorüber, den Rückweg
auch über den Annaberg oder durch die sog. Falkenhalde, über

die Eckhöfe oder über den Schafberg nehmen. Alle diese Fusswege sind bequem und angenehm.

Der **Annaberg**, früher Häslich genannt, ½ Stunde von
der Stadt entfernt, besitzt *zwei gute Wirthshäuser*: *zum Annaberg und zum Carlshof*, das erstere mit Garten und reicher
Aussicht. (Im Sommer ist hier wie in der Molkenanstalt stets
sog. gesetzte Milch zu haben). Auf dem Annaberg (302 Meter)
befindet sich das früher erwähnte **Hochreservoir** der städtischen
Wasserleitung, welches einen eleganten, geschmackvollen Vorbau
mit Terrasse, nach dem Plane des Stadtbaumeisters *Meeser*,
sowie auch einen Aussichtsthurm erhalten wird. Es soll hier
noch angeführt werden dass für die neue Wasserleitung einige
monumentale öffentliche Brunnen im Renaissance-Stil (ebenfalls
nach *Meeser's* Entwürfen) in Folge neuerer stadträthlicher Be-
schlüsse, z. B. auf dem Bertholdsplatze, errichtet werden sollen.

Der Weg auf den Annaberg führt von der Stadt aus durch
die Scheibenstrasse oder durch die Hardtstrasse; auf einem
kleinen Umwege (bequemer) am neuen Gottesacker vorüber.

Die **Falkenhalde**, ein anmuthiges stilles Wiesenthal, zieht
sich am Fusse des Annabergs gegen den Merkur hin und enthält eine eisenhaltige Quelle, deren Wasser im Stephanienbade
zu Bädern benützt wird; das Falkenbächlein, welches das Wiesenthal durcheilt, mündet an der Landstrasse nach Lichtenthal in
die Oos. Der **Schafberg** (321 Meter) liegt am Fusse des Sattels
der beiden Staufenberge und lieferte früher einen guten Wein;
er ist jetzt im Privatbesitz; grosse Oekonomiegebäude, welche
einer Musterwirthschaft angehören, zieren ihn; in der Nähe
liegen, von Obstbäumen umgeben, die **Eckhöfe**, welche gleich
dem Schafberge die Hauptaussicht auf Lichtenthal haben.

Fischzuchtanstalt bei Gaisbach. Schloss Eberstein. Gernsbach.

Von Lichtenthal führt ein anmuthiger Weg durch das gut
bebaute und ansehnlich bevölkerte Thal von Oberbeuern in
½ Stunde nach dem Punkte, wo links die Strasse nach Gernsbach und Schloss Eberstein von den Wegen nach Schmalbach,
Forbach und (aufwärts im forellenreichen Oosthale) nach der
Scherrhalde abzweigt. Ungefähr in der Mitte des Thals von
Oberbeuern fällt rechts am Wege über der Hausthür eines

Wirthshauses der lächelnde Kopf des kürzlich verstorbenen Besitzers des *Waldhorns (Ihle)* auf. Der französische Bildhauer *Dantan* schuf diese sehr getreue, aber etwas karrikirte Gesichtsbildung und das *Waldhorn* mit seinem kleinen freundlichen Garten wurde ein sehr beliebter Ausflugspunkt der Badener Gäste. (Etwas weiter links zweigt ein Fussweg ab, der die gewöhnliche Landstrasse nach Gernsbach etwas kürzt und oberhalb Müllenbach wieder in dieselbe einmündet). Die Oos bleibt an der Seite der Landstrasse, welche sich um eine, einst von dem Bache durchbrochene Felspartie herumwindet und in wenigen Minuten ist die rechts am Wege gelegene **Fischzuchtanstalt,** welche mit einem eleganten Restaurant (Forellen) verbunden ist. Dieser reizende Thalwinkel und die ganze Einrichtung der Anstalt wird nicht verfehlen, zahlreiche Besucher heranzuziehen.

Die Anstalt wurde von Herrn Haldenwang in Baden, einem Freund und Kenner der Fischzucht (zugleich ein berühmter Forellenfischer) in Verbindung mit den Herren Kauffmann zu einem allgemein nützlichen Kulturzwecke errichtet; sie bildet eine künstliche Fischerzeugungs-, Fischerziehungs- und Mastungsanstalt, die auf das Vollkommenste nach dem Muster ähnlicher Anstalten in Hüningen, Freiburg u. s. w. eingerichtet ist. Man besichtige die trefflich eingerichtete Bruthalle, die grösseren und kleineren Mastteiche und den, 12 Abtheilungen enthaltenden Zuchtkanal. Das Ganze ist von schattigem Wald umsäumt, bepflanzt und parkartig mit anmuthigen Wegen angelegt. Neue Teiche für grössere Fische sind im Ausbau begriffen und ein in weiten Windungen laufender enger Wasserstrang (Fluss- und Quellwasser) ist für die gewonnenen Brutfische bestimmt. Die Bruthalle kann 2—3 Millionen befruchteter Eier aufnehmen (sie enthielt im Januar 1878 ungefähr eine Million von der Meerforelle und Bachforelle (Trutta maritima und Trutta Fario) und konnte viele abgeben. Die Befruchtungen geschahen in der Anstalt selbst und gingen gut von statten.

Man nimmt an dass von künstlich befruchteten Eiern 10 %/o in den Anstalten zu Grunde gehen, während bei der Fortpflanzung in der freien Natur 90 %/o umkommen. Die Ausscheidung der schadhaft gewordenen Eier aus den von Cement gebauten Brutbehältern, sowie die genaueste Ueberwachung des Ganzen ist durchaus nothwendig.

Neben Forellen beherbergt die Anstalt auch Karpfen, Orfen, Barsche, Schleihen, Krebse und einige Exemplare des Wels (Silurus Glanis). Mit mehreren Sorten des Geschlechts

Salmo sollen demnächst Versuche gemacht werden (Aeschen wollten bisher nicht gedeihen).

Nach einem Besuche dieser sehenswerthen Anstalt setzen wir den Ausflug nach Schloss Eberstein und Gernsbach fort. (Den Ausflug im Oosthal aufwärts auf die Scherrhalde, Badener-Höhe u. s. w. sowie über Schmalbach nach Forbach findet der Leser unter den „Grösseren Tagesausflügen" skizzirt). Die Strasse zieht links nach dem Weiler Müllenbach *(Wirthschaft zum Schloss Eberstein)* und dann in Zickzackwindungen auf stattlichem Unterbau bis zur Höhe von 387 Meter empor, während rechts ein Fussweg kürzt. Bald ist im Walde, bei dem sog. Müllenbild (s. o.) der Punkt erreicht, wo der Fahrweg auf den Merkur sich um den kleinen Staufenberg durch schönen Tannen- und Buchen-wald hinaufzieht, dann der Punkt, wo die direkte Strasse nach Gernsbach von der nach Schloss Eberstein abzweigt. Ueberall Wegweiser. Durch herrlichen Wald an einem hübschen Brunnen eisig kalten Wassers vorüber, erreicht man auf viel-fach gewundenem Wege, der links ab und zu einige Ausblicke darbietet, das Schloss Eberstein oder Neu-Eberstein.

Schloss Eberstein (310 Meter) liegt auf dem Gipfel eines auf drei Seiten gegen die Murg steil abstürzenden Berges, an dessen Fuss der sog. Grafensprung sich befindet, der kürzlich mit einem hübschen Pavillon, Hustein genannt, geschmückt wurde, über welchen ebenfalls Fusswege zur Verbindung zwischen Gernsbach und dem Schlosse führen. Am Schlossberge wächst ein guter Wein, Eberblut genannt. Wirthschaft und Restauration im Schlosshofe haben aufgehört. Ueber dem Schlossthor erscheint das ebersteinische Wappen, von dem es bei Uhland heisst:

Ich kenne wohl den Eber, er hat so grimmen Zorn;
Ich kenne wohl die Rose, sie hat so scharfen Dorn.

Das Jahr der Erbauung der Burg ist nicht genau bekannt; es erhellt übrigens aus einem Theilungsvertrage der Brüder Otto I. und Eberhard IV. dass sie 1219 noch nicht existirte, wo das Dorf Gernsbach schon genannt wurde; im Jahre 1272 erscheint sie in einer Urkunde des Grafen Otto I. von Eberstein. Es wurde früher (bei dem Besuche der älteren Ebersteinburg) be-merkt dass die Ebersteiner, bekannt durch ihre Freigebigkeit und ihre Fehden in Schulden geriethen und einen Theil ihrer Besitzungen den badischen Markgrafen überliessen; sie scheinen sich auf dieses, von ihnen erbaute Schloss zurückgezogen zu haben. Im Jahre 1367 wurde die Burg, in welcher Wolf von Wunnenstein befehligte, von Eberhard dem Greiner vergeblich belagert; an diese Begebenheit knüpfen sich ebenfalls romantische Legenden. Wir verweisen auf das treffliche Buch von *Krieg von Hochfelden:* Geschichte der Grafen von Eberstein. Carlsruhe 1836. Im Jahre 1679 kam durch Heirath ein Theil der ebersteinischen Besitzungen an das württembergische Haus; die Burg wurde später nicht mehr von den Besitzern, sondern von badischen und württembergischen Verwaltern bewohnt, bis zum 18. Jahrhundert, wo sie sehr in Verfall kam. Im Jahre 1753 erwarb Baden-Durlach die Burg und die Grafschaft Eberstein ungetheilt. Markgraf Friedrich restaurirte sie 1804 und wohnte hier mit seiner Gemahlin; nach deren Tod kaufte sie Grossherzog Leopold 1829 und liess sie sehr verschönern, auch neue Anlagen und Wege machen. Gegenwärtig ist das Schloss im Besitz des regierenden Grossherzogs Friedrich, der auf diesem herrlichen Punkt alljährlich mit seiner Familie im Sommer einige Wochen in stiller Zurückgezogenheit verweilt.

Das Innere des Schlosses bietet viel Interessantes dar. Man besuche den Rittersaal mit vielen Rüstungen, Wappen, Gemälden, Glasmalereien (darunter einige sehr werthvolle von schweizerischen Meistern) und vielen seltenen Geräthschaften. Im Garten befindet sich das byzantinische Portal der ehemaligen Klosterkirche von Petershausen (Konstanz); im Schlosshofe sind Wappen und ein Steinbild, Kreuzigung Christi, früher in Herrenalb, sehenswerth. Auf den Zinnen des Thurms, der restaurirt wird, öffnet sich ein herrliches Panorama, aufwärts und abwärts in's romantische Murgthal auf eine Länge von mehr als 8 Stunden, auf die waldbekränzten Berge ringsumher, auf den silberhellen Rheinstrom, einen Theil der Rheinebene und die Stadt Gernsbach, deren Umgebung sich von Jahr zu Jahr immer mehr mit geschmackvollen Landhäusern, Aussichtspunkten u. s. w. schmückt. Einen wunderschönen Blick in's Murgthal geniesst man schon vor dem Schlossthor auf einer Terrasse unter dem Schatten der Bäume.

Der frühere steile Fahrweg nach Gernsbach ist seit einigen Jahren in eine, den Felsen abgewonnene, bequeme Fahrstrasse (auch Fussgängern zu empfehlen) die bei den ersten Häusern des Städtchens mündet, umgewandelt worden; Fussgänger können aber auch, rechts vom Schlossportal einen anmuthigen Weg durch Kastanienwald, direkt nach Obertsroth einschlagen

und von hier, am Grafensprung, Klingel und dem Pfeiffer'schen
Bad- und Gasthause vorüber, nach Gernsbach wandern ($^3/_4$ St.).
Der neue direkte Fahrweg führt vom Schloss in 20 Minuten
nach Gernsbach.

Gernsbach gehört zu den beliebtesten Ausflugspunkten
von Baden-Baden aus. Man erreicht den Ort auf der Eisenbahn
über Rastatt in $1^1/_4$ Stunde, wenn in Rastatt kein Aufenthalt
stattfindet. Es führen mehrere andere Wege dahin: über den
Sattel bei der Teufelskanzel und dann über Selbach in $2^3/_4$
Stunden, über Neuhaus und Staufenberg in $2^1/_4$ Stunden. Kurz
vor Neuhaus (*Wirthshaus*) zieht sich rechts durch Kastanienwald
ein Fussweg steil bergab nach dem oberen Dorfe Staufenberg,
bekannt durch seine geschützte Lage in ausserordentlich frucht-
barer, obstreicher Umgebung und durch seine, reichen Gewinn
bringende Erdbeerenkultur, welche der dortige Schullehrer
einführte.

Gernsbach (201 Meter), früher Amtsstadt, zählt 2455 Einwohner und hat eine herrliche Lage am linken Ufer der Murg,
über welche eine neue, breite, eiserne Fahrbrücke zur Verbindung der beiden Stadttheile am rechten und linken Ufer führt.
Der Bahnhof liegt in einer Entfernung von 5 Minuten von
der Brücke; mit Forbach, Schönmünzach, Baiersbronn und
Freudenstadt findet eine tägliche Postverbindung statt. Als
erster Gasthof mit Garten und trefflichen Wirths- und Badeinrichtungen ist das *Pfeiffer'sche Kiefernadelbad* zu nennen.
Andere Gasthöfe sind: *Stern, Krone, Löwe, Traube, Wilder
Mann, Kreuz, Adler, Laub* u. s. w. Bierhäuser in beträcht-
licher Menge. In der Nähe des Badhôtels verbindet ein eiserner
Doppelsteg ebenfalls beide Ufer. Gernsbach ist der Sitz der
zu einer Gesellschaft vereinigten reichen Murgschifferschaft,
welche sehr ausgedehnte Waldungen besitzt und einen grossen
Holzhandel betreibt. (A. Emminghaus bringt in der Schrift:
Die Murgschifferschaft in der Grafschaft Eberstein eine ausführliche Geschichte dieser Gesellschaft). Ein interessantes
Schauspiel gewährt bei Gernsbach, Hördten und weiter abwärts
die Flösserei auf der Murg. Gernsbach besitzt ansehnliche Ge-
werbthätigkeit und mehrere Fabriken. Von der hochgelegenen
katholischen Kirche und ihrem Pfarrhofe hat man eine schöne
Aussicht; in der protestantischen Kirche sind Gräber der protestantischen Mitglieder des gräflich ebersteinischen Hauses; das
Rathhaus ist im Renaissance-Stil erbaut. Schöne Aussichtspunkte

bilden der Fechtenbuckel mit dem vom Schwarzwaldverein erbauten Pavillon (Weg dahin über Dorf Scheuern, ³/₄ St.), der Hustein und die Ellaruhe am Grafensprung, 20 Minuten, der Pavillon am Rumpelstein, 10 Minuten. Interessant ist der Ausflug über die sagenreichen Rockertsfelsen (Dachstein) nach Reichenthal (3 Stunden) auf neu angelegten Wegen, mit Wegweisern und Ruhebänken. Ueber die Sagen des Murgthals verfasste der Amtsrichter *Mallebrein* in Baden ein hübsches poetisches Werk.

Gernsbach erscheint zuerst 1219 in Urkunden als Dorf, das zu der Pfarrei Rothenfels gehörte, wird aber 1272 schon als Stadt genannt, die mit Mauern umgeben war, von denen noch Ueberreste vorhanden. Ein gleichnamiges Adelsgeschlecht, welches das Schenkenamt der Grafschaft Eberstein zu Lehen trug, wohnte auf der Burg (neben der katholischen Kirche), starb aber schon 1260 aus. In Folge von Streitigkeiten und Druck von oben nahm die Stadt am Bauernaufstande Antheil, kam aber ohne grossen Schaden davon, 1525. Im Jahre 1582 kaufte sich der Ort mit 1000 Gulden von der Leibeigenschaft los. Krieg, Ueberschwemmungen und Feuersbrünste brachten später manchen Schaden; am 29. Juli 1849 geriethen einige Häuser bei dem Treffen mit den Freischaaren in Brand.

Der Kürze wegen müssen wir, was die Geschichte der Stadt betrifft, wiederum auf das treffliche Werk von *Krieg von Hochfelden*: Geschichte der Grafen von Eberstein in Schwaben, welches auf Befehl des Grossherzogs Leopold aus den besten Quellen bearbeitet wurde, verweisen (S. 273 u. ff.). Spaziergänge, kleinere und grössere Ausflüge, die von Gernsbach aus zu machen sind, finden sich in Schnars' Neuestem Schwarzwaldführer, I. Band, Nördlicher Schwarzwald, S. 61 u. ff. angegeben. — Die Rückwege von Gernsbach nach Baden-Baden ergeben sich aus dem früher Gesagten; der Ausflug in's Murgthal ist bei den „Grösseren Ausflügen (Tagesausflügen)", s. u., kurz geschildert.

Scheuern und die Dreieichen-Kapelle. Balg. Waldweg nach Rothenfels. Kellers Bild und Kreuz.

In viertelstündiger Entfernung vom Bahnhofe Baden's liegt auf beiden Seiten der Landstrasse, die nach Oos führt, der Ort **Scheuern** (Badenscheuern) wo die beiden guten Wirthshäuser *Anker* und *Schiff* von Fremden und Einheimischen viel besucht werden. Dahin führt auch von der Schützenhalle ein etwas sonniger, aber aussichtsreicher Weg in 20 Minuten durch die Weinberge am Balzenberge.

Bei den letzten Häusern Scheuern's, rechts am Wege, liegt
eine Kapelle, früher Marientrost, später **Dreieichen-Kapelle**
von den 3 daneben gepflanzten Eichen genannt; sie soll, weil
baufällig geworden, demnächst schöner und grösser hergestellt
werden. An ein hier befindliches Marienbild knüpft sich die
Sage, dass es die, gegen das Ende des 15. Jahrhunderts ver-
heerend auftretende Pest von dem Thal abgewendet habe. (Die
Stadt Baden liess damals alle heissen Quellen durch die Stadt
abfliessen, um durch den Dampf wo möglich die Luft zu
reinigen). Ein altes Deckengemälde der Kapelle bezieht sich
auf die Sage.

Von dieser Kapelle kann man in 20 Minuten auf einem
Fusswege, an einem Steinbruch vorüber, nach dem hübsch gelegenen Dorfe **Balg** (wo mehrere Anticaglien gefunden wurden
und wo es Gruben guter Töpfer- und Porzellanerde gibt) gelangen und von hier im Walde aufwärts in 25 Minuten zu einer
zierlichen, mit Ruhesitzen versehenen Hütte, aus Moos, Baum-
rinde und Aesten gebaut, in dessen Nähe eine Forstsaatschule
sich befindet, gelangen, wenn man es nicht vorzieht von
Scheuern aus durch den Weiler Dollen, auf etwas kürzerem,
aber beschwerlicherem Waldwege dahin zu gehen oder zu fahren.
Bei der Hütte kreuzen sich fünf schöne Waldwege: nach Balg,
Scheuern und Baden, nach dem alten Schloss, nach Rothenfels
und Ebersteinburg. Besonders anmuthig ist der Weg nach
Rothenfels und nach dem *Badhôtel zur Elisabethenquelle* (s. u.
„Ausflug in's Murgthal"), 2 Stunden. Er führt in zahlreichen
Windungen fast immer durch herrlichen Wald, wo sich oft die
Gipfel der Bäume über dem Haupte wölben, an einigen Steinbrüchen und Strassenabzweigungen vorüber, deren Richtung
stets durch Wegweiser bezeichnet ist (Ebersteinburg, Hauen-
eberstein, Gaggenau). Zwei Ausblicke öffnen sich im Walde:
auf die alte Ebersteinburg und auf die Festung Rastatt. Da,
wo der Weg, bei einer Biegung links, sich in's Murgthal zu
senken beginnt, zweigt ein Fussweg nach der **Elisabethen-
quelle** ab, wo sich der vortreffliche *Gasthof von Hemmerle* befindet. Wer von hier das Schloss Favorite besuchen will, hat
den Weg über Kuppenheim einzuschlagen.

Neben der oben erwähnten Hütte, am Kreuzwege, befindet
sich ein steinerner Bildstock, welcher das Wappen der Familie
Hundbiss von Waltrams trägt und den Namen **Keller's Bild**
führt. Die Sage von einer Jungfrau, die den Ritter Keller von

Yburg hier bethörte, ist in der Trinkhalle zu Baden abgebildet.
Etwas weiter aufwärts von diesem Bildstock, in der Richtung
nach dem Alten Schlosse, befindet sich im Wald ein altes
gothisches Steinkreuz, auf welchem man in verwitterten Buch-
staben den Namen Burkard Keller erkennen will; wahrscheinlich
verunglückte hier einst auf der Jagd ein Mann der diesen Namen
führte und veranlasste die Sage.

Oos. Haneneberstein. Schloss Favorite. Kuppenheim.

Von der Landstrasse, die in 1 Stunde von Baden nach Oos
führt, war schon früher die Rede; sie zieht sich zwischen den
Ausläufern des Batters (Balzenberg, Hardtberg) und des Fremersberges, am rechten Oosufer abwärts und ist an beiden Seiten
mit Obstbäumen eingefasst. Das Pfarrdorf Oos bietet ausser
der in geschmackvollem Stil erbauten neuen Kirche wenig An-
ziehendes dar; der Bahnhof liegt 5 Minuten entfernt. Die zu
verschiedenen Zeiten hier und bei Balg gefundenen Alterthümer
deuten darauf hin dass Römer und Kelten hier eine Niederlassung hatten. Man fand einen Votivstein (Diana) mit Inschrift,
Skulpturen, keltische Waffen, auch Brakteaten aus dem 12.
Jahrhundert. Ausserdem wurden im Mergelboden der nahen
Hügel fossile Knochen von Hirscharten und Theile eines Ele-
phantengerippes gefunden.

Von Oos erreicht man in ½ Stunde das Dorf Haneneber-
stein (der Name soll ursprünglich Haveneberstein gewesen sein),
von dem kleinen Eberbach durchschnitten und biegt dann kurz
vor dem Städtchen Kuppenheim nach dem Lustschloss Favorite,
2 Stunden von Baden, ab. Es liegt in einem kleinen hübschen
Park, in der Ebene und der Besuch desselben wird gewöhnlich
mit einer Tour durch's Murgthal verbunden. Man gelangt auch
sehr bequem auf der Eisenbahn über Rastatt und Kuppenheim
dahin. Das Schloss bildet ein längliches Viereck mit 2 vorspringenden Flügelgebäuden; die Aussenwände haben einen
Ueberwurf von kleinen Kieselsteinen. Man besucht den hohen,
mit einer Kuppel versehenen, mit verschiedenen Gegenständen
überladenen Saal, dann mehrere Seitengemächer, den Floren-
tiner Saal, den Empfangsaal, das ganz mit Spiegeln dekorirte
Gemach, in welchem ein Platz vorhanden, wo der Besucher
sich selbst nicht sehen kann, den Porträtsaal mit etwa 700

Miniaturbildern von Gelehrten, Künstlern, den Mosaiksaal mit Gobelins, Elfenbeinsachen, seltenen Steinen u. s. w. In andern Gemächern sind die Wände mit Blumen, Vögeln, Fischen, Stickereien der Fürstin Sibylla und ihrer Hofdamen, in chinesischem Geschmack phantastisch und bizarr herausgeputzt, wie die Mode im Zeitalter Ludwig's XIV. es mit sich brachte; ein Gemach enthält die Fürstin, ihren Gemahl, ihre Kinder und Verwandten in 72 verschiedenen Anzügen abgebildet. Das Sehenswertheste ist wohl die sogenannte Prunkküche, wo sich sehr reiche Tafel- und Küchengeräthe in allen möglichen Formen, der wahren Gestalt der Speisen angepasst, befinden. In jüngster Zeit war man bemüht, nicht nur das Schloss und die Zimmer (einige enthalten reich gestickte Tapeten) zu restauriren, sondern auch die englischen Parkanlagen zu verschönern. (Der Park umfasst 60 Morgen).

Einen auffallenden Kontrast zu der Weltlust und Ueppigkeit der einstigen Besitzerin, die sich in den Gemächern des Schlosses offenbart, liefert die Einsiedelei mit der Magdalenenkapelle, in der Mitte des Parks, wohin sich dieselbe zu allerlei Bussübungen (Fasten, Stachelgürtel, härene Gewänder, Strohmatte als Schlaflager u. s. w.) zurückzuziehen pflegte. Es konnte nicht fehlen dass solche Kasteiungen der Fürstin in den Augen bigotter Leute eine Art Heiligenschein verliehen, der das übrige Leben derselben in den Schatten drängte.

Das Lustschloss Favorite wurde von der Markgräfin Sibylla Augusta, einer lauenburgischen Prinzessin, nach dem Tode ihres Gemahls, des Türkenbesiegers, Markgraf Ludovicus, mit sehr grossen Kosten erbaut und 1725 vollendet. Diese geistreiche lebenslustige Frau hatte 19 Jahre lang die Vormundschaft über ihre Söhne geleitet, bevor der Hang zur Frömmigkeit sie ergriffen. Kriegsgefahren gingen glücklich an dem Schloss vorüber; der Befehl dasselbe einzuäschern, 1796, wurde durch die Entschlossenheit eines Verwalters des Markgrafen Karl Friedrich vereitelt. Während der Belagerung von Rastatt war es das Hauptquartier des preussischen Kronprinzen, des jetzigen Kaisers.

Schloss und Kapelle werden, um doppelte Trinkgelder zu erzielen, einzeln gezeigt und in Folge des sehr zahlreichen Besuchs von Baden-Baden und Rastatt aus, sind die Ansprüche nicht sehr bescheiden. Ein Restaurant befindet sich dicht vor dem Schlosse, nach der Seite von Rastatt.

Wenige Minuten entfernt liegt an der Murg das Städtchen **Kuppenheim** (129 Meter, *Ochs*), durch eine Brücke mit dem

Bahnhofe (erste Station von Rastatt - Gernsbach) verbunden. Der Ort treibt Flösserei, Holzhandel und Schiffbau (Kähne für Schiffbrücken). Kuppenheim war der Hauptort des Uffgaus, der von den Grafen von Calw an die v. Eberstein und dann an die Markgrafen von Baden kam. 1689 wurde Kuppenheim von den Franzosen zerstört; gegenüber liegt Bischweier, wo am 29. Juni 1849 ein Treffen mit den Aufständischen stattfand.

Iffezheim.

Zwei Stunden nordöstlich von Baden-Baden, 1 Stunde von Oos entfernt, liegt, nicht weit vom Rhein, das Pfarrdorf **Iffez-heim** mit etwa 1600 Einwohnern und mehreren Gasthöfen. Es soll hier oder in der Nähe die römische Niederlassung Bibium sich befunden haben. Iffezheim ist bekannt geworden durch die grossartigen, 1858 eingeführten Wettrennen, welche hier alljährlich im September und Oktober abgehalten und von vielen Tausenden von Zuschauern besucht werden. Ausser dieser Zeit wird der Ort nur wenig besucht, es sei denn dass man die Baulichkeiten und den Rennplatz kennen lernen will. Die Baulichkeiten sind elegant und zweckmässig ausgeführt: zwei kleinere Pavillons sind, der eine für die fürstlichen Besucher, der andere für die Rennkommission, die eigentlichen Sportsmen, den internationalen Klub, einige Berichterstatter und Beamte bestimmt. Eine Zuschauertribüne fasst in ihren oberen Räumen eine grosse Zahl; das Erdgeschoss dient einer Restauration. Für die Rennen ist nordöstlich vom Dorfe, am Abhange von Getreidefeldern, auf einem Wiesengrund und im nahen Walde ein Terrain abgegrenzt, welches dem Zweck vollkommen entspricht. Ausser den Pferderennen finden hier die Taubenschiessen statt, für welche ebenfalls passende Lokalitäten hergerichtet sind. Die Pferderennen scheinen einzig und allein zum Vergnügen, nicht zur Hebung der einheimischen Pferdezucht zu dienen. Eine Schilderung des Glanzes und des Luxus in Equipagen und Toiletten, der mit diesen Rennen verbunden oder gar der Rennen selbst, entspricht nicht unseren Absichten und dem übrigen Inhalt unseres Führers.

Nachdem wir in Obigem die Ausflüge geschildert, welche in nördlicher und nordwestlicher Richtung (am rechten Oosufer) von Baden-Baden aus zu empfehlen sind, gehen wir jetzt zu denjenigen über, welche in östlicher, südlicher und südwestlicher Richtung (am linken Oosufer) zu machen sind und lassen später die Schilderung der grössern Ausflüge (Tagesausflüge) folgen. Aus der Fülle herrlicher Spaziergänge und Ausflüge heben wir in Nachfolgendem die hauptsächlichsten mit Angabe der Entfernungen hervor, die Ausdehnung derselben mit Hülfe von Fuhrwerk und Eisenbahnen dem Ermessen der Touristen überlassend.

Seelach. Geroldsauer Wasserfall. Wege nach Neuweier und in's Bühlerthal.

Die Wege nach Lichtenthal und auf den Cäcilienberg sind uns bereits bekannt. In der Nähe des *Gasthofs zum Löwen* in Lichtenthal vereinigt sich der Grobach mit der Oos. Gleich hinter der Brücke zieht sich die Strasse nach der Seelach, an der neuen Kirche vorüber, in die Höhe. Seelach, 1 Stunde von Baden entfernt, umfasst nur wenige Gebäude, hat aber ein, der Aussicht wegen viel besuchtes *Wirthshaus* und besitzt die grossartige, hoch gelegene Villa des Grafen Chreptowitsch mit ausgedehnten Gartenanlagen. Von der Seelach zieht sich in mehrfachen Krümmungen, mit Abzweigungen rechts und links, eine Fahrstrasse über den sog. Steinersacker, in dessen Nähe, am Oeserstein sich ein Sammelbehälter der städtischen Wasserleitung befindet, auf die Scherrhalde und den Scherrhof. (S. u. „Grössere Ausflüge“.)

Von dem Einigungspunkte der Oos und des Grobachs in Lichtenthal zieht sich eine neue schöne Strasse durch ein waldumkränztes · Wiesenthal, an Sägemühlen, einer Kapelle und Steinbrüchen vorüber, nach dem Weiler Geroldsau *(Hirsch)*. Der Ort ist alt, denn er kommt schon 1286 in einer Schenkungsurkunde des Markgrafen Rudolf I. an das Kloster Lichtenthal vor. Vor demselben, rechts, sieht man einen grossen Steinbruch, der zu vielen Bauten in der Stadt und Umgebung benützt wird. (Er besteht aus Pinit-Porphyr von blassrother Farbe; speckglänzende Quarzkörner sind zwischen Thonerde und Pinit-Krystallen darin eingebettet. (Baumeister Belzer in Baden ist Besitzer dieses Steinbruchs).

Hinter Geroldsau erreicht man den Punkt, wo die Strasse über Malschbach rechts nach Neuweier abzweigt. Links führt die Strasse in dem enger werdenden waldumschatteten Felsenthale, am rechten Ufer des über Felsblöcke dahinrauschenden Grobachs zum Wasserfall. Mehrere Stufen führen von der Fahrstrasse zu ihm hinunter. Ein *Restaurant* befindet sich in unmittelbarer Nähe, wo Erfrischungen, besonders Forellen, zu haben sind. Ein Pavillon, mit Schutzdach und Sitzen versehen, gewährt einen guten Ueberblick. Der Grobach stürzt von einem Felsen in die Tiefe; es ist der Wasserfall besonders nach starken Regengüssen sehenswerth, obschon er sich mit dem von Triberg und Allerheiligen und den Schweizerwasserfällen nicht messen kann. Die Umgebung ist schön, romantisch. Links vom Wasserfall streckt der 540 Meter hohe Bernickel, rechts der Lanzenfels, 568 Meter, seine felsigen Ausläufer aus. Gleich hinter dem Fall erweitert sich die Thalschlucht wieder und man erblickt am Ende eines Wiesengrundes die einsame Kunzenhütte. Die Fahrt dahin nimmt nicht viel Zeit in Anspruch und ist besonders für einen Nachmittag an heissen Sommertagen zu empfehlen, wenn die Sonne sich hinter den westlich gelegenen Waldhöhen zu senken anfängt. Vom Wasserfall führen verschiedene Wege über Neuhaus, Schwanenwasen, Plättig auf die Badener Höhe oder nach Sand und Herrenwies. Vor einigen Jahren wurde eine neue Strasse dahin gebaut, welche weiter oben, am Schwanenwasen, bei einer mit Sitzbänken versehenen Hütte, eine Abzweigung in's Bühlerthal hat. (S. u. „Grössere Ausflüge".) Die Entfernung von Baden zum Wasserfall beträgt für Fussgänger $1^3/_4$ Stunden. (Man kann von Lichtenthal aus auch auf einem, etwas weiteren, höher gelegenen Wege das Dörfchen Geroldsau erreichen, wenn man rechts, unten am grossen Steinbruch und an der Mündung des kleinen Ybachs vorüber geht. Dieser Weg gewährt fast immer Schatten, zieht sich hinter Geroldsau an Malschbach vorüber und mündet weiter oben in die neue Strasse nach Neuweier ein).

Die neue Strasse, welche hinter Geroldsau abzweigt, gewährt sehr schöne Blicke in die waldreiche Umgebung; sie zieht sich über Malschbach empor, erreicht am Zimmerplatz (Wegweiser) die Abzweigung über die Wintereck (385 Meter) in's Bühlerthal und senkt sich dann in mehreren Windungen nach Neuweier, welches wir später kennen lernen werden. Man rechnet auf diesem Wege von Baden nach Neuweier $2^3/_4$ St.

Die andere, ebenfalls neu angelegte Strasse in's Bühlerthal, macht vom Zimmerplatz sehr bedeutende Krümmungen bergab, bergauf bis zur Wintereck, von wo ein Fussweg nach Liehenbach kürzt. Es sind $3\frac{1}{2}$ Stunden auf diesem sehr einsamen Wege von Baden bis in's Bühlerthal. Unzählige Pfade durchschneiden die Waldregion zwischen dem Fremersberg, 526 Meter, dem Iberst, 591 Meter, dem Steinberg, 680 Meter bis zur Scherrhalde, dem Ruhberg, 800 Meter und der Badener-Höhe 1004 Meter. Es würde uns zu weit führen alle diese Wege, zumal dieselben nur wenig zu Ausflügen benützt werden, zu schildern.

Gunzenbach. Sauersberg. Leopoldshöhe.

Auf dem Wege von Baden nach Lichtenthal blickten wir bereits in das freundliche **Gunzenbachthälchen** mit der Waldeneck, 519 Meter, im Hintergrunde. Bei der kleinen Kapelle in der Lichtenthaler Allee treten wir in dasselbe ein; rechts liegen zwei schöne Villen, die eine (beide gehören Herrn Dittler) im Schweizerstil nach dem Plan des Stadtbaumeisters *Meeser* reich und geschmackvoll ausgeführt. Es folgt links die Villa Gagarine mit ausgedehnten Anlagen; hinter derselben (Wegweiser) zieht sich ein Weg auf den Cäcilienberg oberhalb Lichtenthal und auf die Yburg in die Höhe. Oben am Waldessaum stehen wiederum Wegweiser nach mehreren Richtungen und man geniesst hier eine schöne Aussicht auf die villenreiche Umgebung (neue Villen sind im Bau begriffen), die Stadt, das Alte Schloss, den Merkur u. s. w. Auch erkennt man die Fülle von Spazierwegen, welche in den letzten Jahren zwischen dem Sauersberg und dem Gunzenbachthälchen angelegt wurden; sie sind alle mit Leichtigkeit von Baden aus zu besuchen und nehmen nur wenig Zeit in Anspruch.

Von Lichtenthal führt ein neuer fahrbarer Verbindungsweg auf den Sauersberg und nach der Yburg, zuerst am Saum des Waldes entlang (durch welchen treffliche Fusswege direkt nach Geroldsau, zur sog. gelben Eiche, über den Wurzgartenkopf auf die Yburg führen) dann durch den Wald. Da, wo dieser fahrbare Verbindungsweg eine scharfe Biegung nach Norden macht, führt ein Fussweg zu einer Hütte an der Strasse, die über den Sauersberg auf die Yburg führt, empor; rechts ziehen sich von diesem Punkte des neuen Verbindungsweges ältere und neuere

Waldpfade in's Gunzenbachthälchen hinunter. Man erreicht die beiden schön gelegenen aussichtsreichen Höfe auf dem Sauersberge und kehrt über die Leopoldshöhe durch die Lichtenthaler Allee nach Baden zurück. Fussgänger legen den Weg durch Gunzenbach auf dem Verbindungswege zum Sauersberg und über Leopoldshöhe in $1^3/_4$—2 Stunden zurück.

Die **Leopoldshöhe**, 226 Meter, 20 Min. Entfernung, ist einer der schönsten Aussichtspunkte bei Baden, mit Bänken versehen und von einer kleinen buschigen Anlage umgeben, zu welcher sich aus den unterhalb gelegenen Villen (Quettighof, Villa Thur, Villa Sorrento) neu angelegte Gartenwege emporziehen. Unterhalb der Leopoldshöhe, an der sog. Rappenhalde befindet sich der von Herrn Diss angelegte zoologische Garten, welcher noch weiterer Einrichtungen bedarf.

Korbmattfelsen. Thiergarten. Molkenanstalt.

Der Ausflug auf den Korbmattfelsen ist in den letzten Jahren sehr beliebt geworden. Man schlägt den Weg beim Allechaus, an der Villa Menschikoff vorüber, auf den Sauersberg ein und verfolgt denselben — es ist der Hauptweg auf die Yburg — an den beiden oben genannten Oekonomiehöfen vorüber, durch den Wald bis zu dem Punkte, wo rechts ein Wegweiser, 399 Meter, den Fusspfad auf den **Korbmattfelsen** bezeichnet. Dieser Pfad zieht sich in mässiger Steigung aufwärts. Auf halbem Wege zum Felsen befinden sich links im Walde zwei Riesentannen, bis jetzt nicht ganz leicht zu finden. Man erreicht den Saum des Waldes, wo eine Bank einen schönen Aussichtspunkt bezeichnet und bald darauf den zierlichen, mit Ruhesitzen versehenen Pavillon, den höchsten Punkt des romantischen Korbmattfelsens. Hier öffnen sich Aussichten westlich über Steinbach hinaus in's Rheinthal, nördlich über Oos ebenfalls in die Rheinebene und nordöstlich in der Richtung des Batters und Merkurs auf die Berge am rechten Ufer der Murg. Diese dreifache, durch waldige Höhen getrennte Aussicht bildet den Hauptreiz.

Die herrlichen Waldwege und Anlagen (Pavillons, Schutzhütten, Ruhebänke, Wegweiser u. s. w.) rings um Baden, verdankt man der grossen unermüdlichen Sorgfalt der beiden (städtischen und ärarischen) Bezirksförster *Louis* und *Werner.*

Ihre Bemühungen finden die allgemeinste Anerkennung der Fremden und der Einheimischen.

Vom Korbmattfelsen schlängelt sich in vielen Zickzackwindungen — die felsigen, abschüssigen Stellen sind durch Brustwehren geschützt — der schmale Fusspfad zum Unteren Selighof hinunter, während rechts und links Wege in's Gunzenbachthal und auf die Yburg abzweigen. In der Nähe des genannten Hofs, wo Wegweiser die Wege auf die Yburg (Klopfengraben), nach Varnhalt und Steinbach, sowie den hübschen direkten Weg zum Bahnhofe Badens durch das Michelbachthälchen bezeichnen, erreicht man die Beutig- und Thiergartenstrasse. Erstere bietet weitere Fernsichten dar, letztere aber ist bequemer, weil sie ohne irgend eine Erhebung zum „Alleehaus" in der Hauptpromenade führt.

Am obern Ende dieses Thaleinschnitts, welches, ohne ein zoologischer Garten zu sein, den Namen **Thiergarten** führt und weiter unten eine Reihe schöner und berühmter Villen (früher Turgenjew, Viardot-Garcia) besitzt, befindet sich die einfache, mit humoristischen Fresken und einem Gärtchen versehene *Wein- und Bierwirthschaft zum Posaunenengel* (früher *Sonne*).

Wer bis zum Wegweiser am Sauersberg, wo der Fusspfad abzweigt (s. o.), Fuhrwerk benützte, kann den Wagen zur Heimkehr vom Korbmattfelsen hierher bestellen.

Vom obern Theile des Weilers Thiergarten führen hübsche Wege zur schön gelegenen **Molkenanstalt** hinab. Eine Appenzeller Sennerfamilie bereitet hier die für die Trinkhalle nöthigen Molken und treibt zweimal täglich eine Anzahl gutgenährter Kühe und Ziegen zur Milchhütte bei der Trinkhalle, wo die frische Milch zahlreiche Abnehmer findet (Ziegenmilch pr. Glas 20 Pfg., Kuhmilch 10 Pfg.; im Abonnement billiger). Die angenehme Lage führt Morgens und Abends viele Spaziergänger in die Molkenanstalt, wo süsse und sauere Mich, Butter, Eier, Kaffee u. s. w. zu haben ist. Von hier führen mehrere Waldwege auf den Sauersberg, so dass die Besucher der Yburg, des Korbmattfelsens u. s. w. keinen Umweg machen, wenn sie den Weg über die Molkenanstalt wählen. Dieselbe ist kaum $1/2$ St. vom Conversationshause entfernt. Die ganze Tour über den Sauersberg zum Pavillon des Korbmattfelsens und durch Thiergarten über die Molkenanstalt zurück, nimmt 3—$3^1/2$ Stunden in Anspruch.

Die Yburg.

Zwei Hauptwege führen auf diesen Punkt. Den ersten, der von der Lichtenthaler Allee aus, an der ausgedehnten Villa Menschikoff vorüber, in mehreren Windungen auf den Sauersberg führt, lernten wir bereits bis fast zur Hälfte kennen (Wegweiser auf den Korbmattfelsen); er ist bis jetzt für Fuhrwerk der bequemste. Der zweite führt über den Beutig oder durch das Thiergartenthälchen zu den beiden Selighöfen, umkreist dann den Klopfengraben und vereinigt sich am Fusse des Ybergs mit dem andern Wege, um bis an den Vorhof der Burg zu gelangen. Die Entfernung beträgt $2^1/_4$ Stunden. Fussgänger wählen gewöhnlich den Weg über den Klopfengraben. Die andern Wege zur Burg (über den Wurzgartenkopf, von Malschbach, Neuweier, Umwegen, Varnhalt, Steinbach u. s. w.) sind steil und nicht ganz fahrbar.

Der schöne, weithin sichtbare Bergkegel, Yberg (530 M.), südwestlich von Steinbach, trägt die **Ruine Yburg**, einen umfangreichen Trümmerhaufen, dessen Thurm von 20 Meter Höhe auf Treppen zugänglich gemacht wurde und nebst der, mit Schutzdach versehenen Altane an seinem südweltlichen Fusse, eine grossartige Fernsicht auf das Alte und Neue Schloss, den Merkur, auf unzählige, von Thälern durchschnittene Waldkuppen, in die, vom blinkenden Rhein durchzogene und mit zahllosen Ortschaften besäete Rheinebene, auf das Strassburger Münster, die Vogesen u. s. w. darbietet. Man schreitet durch das gut erhaltene Thor in das Innere der Ruine, wo einige Gartenanlagen und eine sehr mittelmässige Wirthschaft vorhanden (bessert sich hoffentlich).

Die Geschichte meldet wenig Zuverlässiges über die Entstehung und die früheren Schicksale der Yburg; wahrscheinlich diente sie schon den Römern als Signalstation, deren Grundmauern im Mittelalter zu einem Burgbau benützt wurden. Im Jahre 1328 kaufte Markgraf Rudolf III. die Burg nebst Steinbach und Sinzheim von seinem Vetter Markgraf Friedrich II.; auch erhellt aus einer Urkunde, dass König Wenzel unter anderen Lehen den Markgrafen Bernhard I. mit der Yburg belehnte. Ob im Jahre 1424 eine Familie von Yburg, welche in Ottenweier Güter besass, die Burg bewohnte und ob ein Hans von Yburg, welcher als Beamter des Markgrafen Jakob I. 1440 genannt wird, diesem Geschlecht angehörte, ist nicht bekannt. Der Sage nach soll ein Ritter von Yburg die Burg Bernstein bei Herrenwies wegen des Raubs seiner Tochter zerstört haben. Ein Ritter Burkard Keller von Yburg kommt nur in der Legende (Kellers Bild) vor. 1525 wurde sie von den Bauern zerstört; im 30jährigen Krieg liess Markgraf Georg Friedrich die Burg wieder aufbauen und befestigen. Markgraf Fortunatus soll hier mit seinen italienischen Münzern Muscatella und Pestalozzi falsches Geld geprägt haben; wahrscheinlich zerstörten die Franzosen die Burg 1689 und sie blieb seit dieser Zeit in Trümmern. Sie hatte, gleich der Windeck bei Bühl, früher zwei Thürme; einer derselben wurde vor einigen Jahren vom Blitze zerschmettert. (Die meisten Gewitter aus Südwest pflegen sich hier mit Heftigkeit zu entladen). Je dunkler die Geschichte, desto mehr Spielraum gewannen hier die Sagen, z. B. von einem goldenen Kegelspiel, womit die Burggeister sich die Zeit vertrieben, von Klopfgeistern, Kobolden die im nahen Klopfengraben ihr Wesen trieben, von vergrabenen Schätzen u. s. w. (In einem der beiden Brunnen fand man vor mehreren Jahren zwei silberne Kannen).

Die Umgebungen der Burg sind sehr romantisch. Es wird nicht selten der Nachmittag zu einem Ausfluge dahin gewählt, um den Sonnenuntergang zu geniessen. Fussgänger pflegen auf dem Rückwege, durch Wald und Rebengelände steil bergab, über Neuweier oder über Varnhalt und Umwegen nach Steinbach zu wandern und von Steinbach aus die Eisenbahn zu benützen (der Bahnhof ist 20 Minuten von Steinbach, 30 Minuten von Neuweier oder Umwegen entfernt. Man rechnet von der Burgruine dahin $1^1/_2 - 1^3/_4$ Stunden).

Nägelsfirst. Varnhalt. Umwegen. Neuweier. Steinbach. Schwarzach.

Diese weinreiche Orte liegen mit Ausnahme von Schwarzach sämmtlich am Fusse des Kegels, der die Ruine Yburg trägt und gehören ebenfalls zu den beliebtesten Ausflugspunkten.

Vom Gipfel erreicht man in 20 Minuten abwärts den **Nägelsfirsterhof,** ein Rebgut mit hübschen Wohn- und Oekonomiegebäuden, im Besitze des Herrn *Mellerio* in Baden, welcher hier einen guten Wein erzeugt. Durch Kastanienwald führt der Weg von hier in wenigen Minuten nach dem Dörfchen **Varnhalt** *(Rebstock)*, welches fast ganz in Obst- und Rebgürten versteckt liegt. In der Nähe liegt der Nöllenberg, Besitzthum von *Fräulein Gross* in Varnhalt, welche mit grosser Gastfreundschaft fremde und einheimische Bekannte mit ihrem vortrefflichen Nöllenberger zu laben pflegt.

Ein anmuthiger Weg führt in 15 Minuten, meist durch Rebgelände nach **Umwegen**, wo der vortreffliche rothe und weisse, an Zuckergehalt reiche Wein im *Liebich'schen Gasthause zum Weinberg* zahlreiche Gäste aus Baden und der Umgegend heranzuziehen pflegt. Steinkohlenlager sind in der Nähe, aber nicht mächtig genug um bebaut zu werden.

Von hier führt der nächste Weg nach Steinbach (15 Min.) durch Rebberge, an dem Denkmal Erwin's von Steinbach (179 Meter) vorüber, welches von dem † Bildhauer Friedrich in Strassburg auf einem freistehenden Hügel 1844 errichtet wurde.

Das Standbild von Lebensgrösse ist aus rothem Sandstein auf hohem Sockel mit Inschriften; Erwin in mittelalterlicher Künstlertracht schaut mit festem, stolzen Blick in die weite Rheinebene nach dem Punkte hinaus, wo sein grossartiges Werk, das Strassburger Münster, sich am Horizont zeigt. Erwin starb 1318; der Bau des Münsters begann 1277 auf Veranlassung des Bischofs Konrad von Lichtenberg.

Von diesem weithin sichtbaren Monument erreicht man das Städtchen Steinbach, am Gottesacker vorüber, in kaum 10 Min.

Von Umwegen zieht sich durch einen Hohlweg in 8 Minuten der Weg nach dem langgestreckten Dorfe **Neuweier** hinunter, von wo ebenfalls in ¼ Stunde Steinbach erreicht wird. Neuweier (185 Meter) bietet in den beiden guten Gasthäusern *Lamm* und *Rebstock* den zahlreichen Gästen Erfrischungen aller Art dar. Auch die Umgegend Neuweier's ist reich an Wein, Obst und Kastanien. In den Rebbergen hinter dem Schlosse, welches dem Herrn *Rössler* (Besitzer des *Holländischen Hofes* in Baden) gehört, wächst der bekannte Mauerwein, welcher auf vielen Ausstellungen preisgekrönt wurde. Im Schlosse befindet sich eine interessante Sammlung von Reminiscenzen aus dem Kriege 1870—71, deren Besichtigung mit grosser Zuvorkommenheit gestattet wird. Neuweier ist ein selbständiger Pfarrort, dessen Kirche (Schnitzwerke) vor einigen Jahren vergrössert und restaurirt wurde.

Des interessanten Weges von Baden nach Neuweier über Lichtenthal, Geroldsau, Malschbach, am Zimmerplatz vorüber, wurde schon früher gedacht. Nach Bühl und in's Bühlerthal führt ein interessanter Weg von Neuweier über Schneckenbach, Horrenbach, Eisenthal und Affenthal. Ueberall Weinbau; man nennt diese Gegend die Goldene Au. Der hiesige Rothwein ist der Affenthaler, den man in in dem kleinen *Wirthshause zum Auerhahn* in Affenthal ächt erhält, der aber auch im *Stern* und in der *Traube* zu Eisenthal zu empfehlen ist. Der Name Affenthal rührt von Avemariathal her, dem früheren Namen des Orts, wo das Kloster von Lichtenthal einen Weinberg besass. Wer, ohne Bühl zu berühren, das Bühlerthal besuchen will, schlägt von Affenthal den Weg dahin über Altschweier (173 Meter, *Laube*) ein.

Das Städtchen **Steinbach** (151 Meter) bildet gleich Neuweier einen Stützpunkt für Ausflüge in der Umgebung. Der Bahnhof liegt nur wenige Minuten entfernt. Es führen aber auch über Sinzheim nach Oos und Baden, sowie nach Bühl u. s. w. vortreffliche Landstrassen. Das *Gasthaus zum Stern* in Steinbach gehört zu den besten und beliebtesten der Gegend. Der Ort zählt etwa 2400 Einwohner welche Weinhandel treiben und sich mit Fabrikation von Senf (Mostsenf) und Essig beschäftigen.

Wir haben in Obigem die Wege bezeichnet, welche von der Yburg bergab führen. Diejenigen Fussgänger, welche ohne die Yburg zu besuchen, direkt von Baden nach Varnhalt, Umwegen oder Neuweier wandern, haben den Beutig- oder Thiergartenweg (beide vereinigen sich ½ Stunde aufwärts) einzuschlagen, dann beim Untern Selighof die Strasse rechts (Wegweiser) zu wandern, von der sich ein kürzender Fussweg links in die Höhe auf die Fahrstrasse zieht. Hier ist nicht der erste Weg links, welcher mit Wegweiser nach Varnhalt versehen ist, sondern der zweite links abzweigende, bergab führende Weg (ohne Wegweiser) zu nehmen, welcher durch den unteren Klopfengraben und dann wieder in die Höhe, am Nöllenberg vorüber, nach Varnhalt u. s. w. führt; es ist dieses der nächste Weg nach diesem Orte und nach Umwegen, 1¾ Stunden. Am Nöllenberg wird man durch eine prachtvolle Fernsicht auf die reich bebaute Rheinebene, das Strassburger Münster und die Ausläufer des Schwarzwaldes überrascht. Wer den steileren Weg (bis jetzt ohne Wegweiser) vermeiden will, kann auf der Strasse, wo obiger Fussweg abzweigt, die Villa Luitjens am Fremersberg rechts lassend, bequemer bergab über Gallenbach nach Varnhalt u. s. w. wandern; dieser Weg ist etwa 15—20 Min. weiter.

Von Steinbach (oder Bühl) ist ein kleiner interessanter, bis jetzt nur wenig unternommener Abstecher (in $1\frac{1}{4}$ Stunden) nach dem, $\frac{3}{4}$ Stunden vom Rhein entfernten **Schwarzach** zu machen. Schwarzach besass eines der ältesten Klöster im Rheinthale, 734 von einem Grafen Ruthard auf einer Rheininsel gestiftet und 815 hierher verlegt; es erlebte viele Schicksale bis es 1802 aufgehoben wurde. Es sind die Namen von 52 Aebten bekannt. Von den grossen Gebäuden des reichen Klosters stehen nur noch.einige Nebengebäude und das Thor. Die Kirche ist uralt; sie besitzt ein schönes Portal, Schnitzwerke, einen reichen Hochaltar, eine gute Orgel u. s. w. In der Nähe von Schwarzach liegt das Städtchen **Lichtenau**, 1296 vom Bischof von Strassburg, Konrad von Lichtenberg angelegt. Beide Orte haben jeder etwa 1200 Einwohner, welche Fabrikation und Hanfbau betreiben. (Postverbindung mit Bühl 2 mal täglich).

Jagdhaus. Winden. Sinzheim. Vormberg. Fremersberg. Beutig und Friesenberg.

Auch diese Punkte werden zahlreich besucht. Der gewöhnliche Weg zum Jagdhause ist die Fahrstrasse, die von der Landstrasse nach Oos links abzweigt, eine zweite Fahrstrasse führt von der Beutigstrasse rechts ab, am Fremersbergerhof (263 Meter), einer landwirthschaftlichen Musteranstalt des Herrn *v. Dörnberg* vorüber, dann am östlichen Ausläufer des Fremersberges zur sogenannten Bildeiche, wo der Fussweg vom früheren Jesuitenschlösschen (jetzt Villa Lüdersdorff) einmündet und erreicht auf diesem weiteren Wege, der viel schöner als der andere, das Jagdhaus. Der dritte kürzeste Weg dahin ist der ebengenannte Fussweg vom Bahnhofe in Baden über Oosscheuern; ein vierter Weg führt hinter der griechischen Kapelle über den Friesenberg, das Michelbachthälchen am Katzenstein durchschneidend und dann über die Bildeiche dahin.

Das **Jagdhaus** (243 Meter) ist in der Gestalt eines achteckigen Hubertuskreuzes erbaut; die hervorspringenden Ecken bilden die Seitengemächer, den übrigen Raum nimmt der Saal ein. Das Deckengewölbe stellt die Scene aus der Legende dar, wo dem h. Hubertus das Kreuz zwischen dem Geweih eines Hirsches erscheint. Markgraf Ludwig Georg, ein grosser Jagdliebhaber, erbaute das Jagdhaus in der ersten Hälfte des vorigen Jahrhunderts auf einem nordwestlich vorspringenden Vorhügel des waldreichen Fremersberges (527 Meter) und umgab es mit kleineren Gebäuden für Diener und Jäger. Die hier befindliche *Gastwirthschaft* wird gelobt; das beste ist aber die Fernsicht in die Rheinebene und auf die Vogesen.

Vom Jagdhause führen Waldpfade (Wegweiser fehlen noch an einigen Stellen) auf den Fremersberg, zu dem Steinbruch oberhalb Vormberg (s. u.) und über **Winden** nach dem grossen Dorfe **Sinzheim** (130 Meter, *Hirsch* mit Bierbrauerei). Dieser Weg ist ebenfalls reich an Fernsichten, besonders an der Sieghalde. Ein Hügel, Sinzheim gegenüber, soll früher das Schloss Altenburg getragen haben, an welches sich allerlei Sagen knüpfen. Sinzheim erscheint schon 820 unter dem Namen Sunnesheim; der kleine Bach zwischen Sinzheim und Winden heisst Markbächlein und soll einst die Grenze zwischen dem Oosgau und dem Herzogthum Alemannien gebildet haben. Sinzheim ist Eisenbahnstation.

Oberhalb Sinzheim (25 Minuten) in **Vormberg** (158 Meter), wo bei der *Wittwe Ursula*, allgemein Urschel genannt, ein guter Wein zu haben ist, befindet sich ein grosser Steinbruch, wo in einer Grotte eine mächtige Dampfmaschine angebracht ist, welche das gesprengte und abgehauene Steinmaterial zu Strassenschotter zermalmt, der in gröberer und kleinerer Form weithin abgeführt wird. Die Erfindung dieser Zermalmungsmaschine soll sich vortrefflich rentiren. Die Umgebung des Steinbruchs, in welchem täglich an 50—80 Arbeiter beschäftigt sind, ist schön, es wechseln ächte Kastanien mit Tannen und Fichten; um den Waldessaum herum zieht sich ein Weg, der gerade aus nach Ebenung und Gallenbach, nach wenigen Minuten aber, links abzweigend, auf die Strasse führt, welche von Baden über die Villa Luitjens, an dem südlichen Vorsprunge des Fremersberges direkt nach Sinzheim führt.

Da, wo sich jetzt der stattliche, aber einsam gelegene Landsitz Luitjens befindet, stand früher das Franziskanerkloster Fremersberg, das vom Markgrafen Jakob 1459 an die Stelle einer Einsiedelei gebaut wurde aus Dankbarkeit für die gastliche Aufnahme, die er hier, nachdem er sich auf der Jagd in den dichten Wäldern verirrt, in später Mitternachtstunde gefunden hatte. Das Kloster blieb bei der Säkularisation verschont und als die Mönche 1826 bis auf zwei ausgestorben waren, wurde das Kloster abgebrochen und dessen Grund und

Boden verkauft. Es erstand auf demselben ein Rebgut, das einen vortrefflichen, jetzt selten gewordenen Wein, den Fremersberger erzeugte.

Grossherzog Leopold liess durch ein hohes Steinkreuz den Punkt bezeichnen, wo der Hochaltar der Klosterkirche stand; man liest die Inschrift:

Ob auch die Welt in Trümmer geht,
Das Kreuz doch unerschüttert steht;
Und ob das Herz im Kampfe bricht,
O Jesu Christ, dich lass ich nicht.

Die benachbarten Gemeinden setzten in der Nähe eine kleine Pyramide und verewigten auf derselben die Namen ihrer Bürgermeister.

Der **Fremersberg** (527 Meter) springt als mächtiger Schlussstein des von der Badener Höhe sich herabziehenden Gebirgszugs in die Ebene vor und würde, wenn man den Wald hoch oben lichten oder gar einen Thurm auf dem höchsten Punkte erbauen wollte, eine der grossartigsten, herrlichsten Fernsichten in der Umgebung der Bäderstadt gewähren. Man begreift nicht, warum bis zur Stunde ein solches Unternehmen vernachlässigt wurde und hört von Allen, welche die Gegend kennen ein Bedauern hierüber aussprechen. Die Wege, welche hinaufführen, sind sogenannte Holzwege, meist verwachsen und nur wenige Punkte gestatten eine Aussicht. Für die Gemahlin des Königs von Preussen, Friedrich Wilhelm II., wurde vor mehreren Jahren ein Weg auf den Gipfel angelegt, der jetzt verwachsen ist. Den Rückweg von der Villa Luitjens nach Baden-Baden nimmt man entweder an dem früher erwähnten Unteren Selighof vorüber (Echo etwas oberhalb bei einem Heustadel) oder biegt vorher von der Fahrstrasse nach dem Fremersberger Hof ein, von welchem durch das Michelbachthälchen oder über den Beutig und den Friesenberg der Rückweg leicht zu bewerkstelligen ist. Wegweiser überall.

Sowohl der **Beutig** als der **Friesenberg** bieten eine Fülle schattenreicher, angenehmer Spaziergänge dar. Wegweiser an vielen Punkten. Man kann dieselben von dem alten Steinkreuz am Beutig, von der Villa Weber, von der Sturdzakapelle am Michaelsberge aus, in beliebiger Richtung und mit beliebigem Zeitaufwande ausdehnen; es scheint uns daher überflüssig dieselben näher zu bezeichnen. Sie werden am meisten am Morgen von denjenigen Kurgästen benützt, welche eine Molken-, Milch- oder andere Brunnenkur gebrauchen.

Bühl. Windeck. Hub.

Das Städtchen Bühl ist von Baden-Baden in $^1/_2$—$^3/_4$ Stunden auf der Eisenbahn zu erreichen. Fussgänger können aber den viel interessanteren Weg am Saum des Gebirges, über Neuweier, Eisenthal, Affenthal dahin nehmen. **Bühl**, 151 Meter mit 3200 Einwohnern, welche lebhaften Weinhandel und ansehnliche Fabrikation betreiben, bietet ausser der neuen, in geschmackvollem gothischen Stil von *Dernfeld* erbauten Kirche, kein grosses Interesse dar; es ist aber der Stützpunkt für den Besuch der Windeck und des schönen, volkreichen (3361 Einwohner) Bühlerthals, bis zu den romantischen Wiedenfelsen, 750 Meter, oder bis zum *Wirthshause auf dem Sand.*

Die alte Burg Windeck ist vom Bahnhofe Bühl's in $1^1/_2$ Stunden bequem zu erreichen; man schlägt den Weg durch das Städtchen und über Kappel-Windeck oder, beide Orte links lassend, den direkten Fussweg zum Einsiedlerhof ein und wandert durch eine schattige Kastanienschlucht bei Riegel aufwärts, wo man die neue Fahrstrasse trifft, welche demnächst bis Bühl geführt werden wird. Im Jahre 1877 wurde eine neué Strasse in geringer Steigung angelegt, welche in der Nähe von Hub, über Waldmatt an der Burg vorüber, nach Steckenhalt führt und eine Fortsetzung der leicht fahrbaren Waldstrasse nach Hundseck bildet, mit welcher die vom Murgthale über Hundsbach führende Strasse sich unmittelbar verbindet, so dass eine direkte Verbindung zwischen Bühl (und Ottersweier) und den im oberen Murgthale liegenden Ortschaften: Schönmünzach, Baiersbronn, Freudenstadt (10—12 Stunden) hergestellt ist. Von Hundseck führt ein guter Fussweg nach dem Luftkurort *Sand*.

Die **Burg Alt-Windeck** (393 Meter) gewährt von dem einen der noch erhaltenen zwei Thürme (136 Stufen) eine herrliche weite Fernsicht. Eine gute, billige *Gastwirthschaft* befindet sich in den Burgräumen. Das Schloss war der Stammsitz des gleichnamigen mächtigen Geschlechts das im 13. Jahrhundert eine Rolle spielte, sich später zu seinem Nachtheil in die beiden Linien Alt- und Neu-Windeck theilte, bis es nach manchen Schicksalen, 1592, ausstarb. Im Jahre 1682 kam das Schloss in den Besitz des Markgrafen Ludwig Wilhelm von Baden. (Ein Bild in der Trinkhalle Baden's stellt die Abführung des gefangenen Strassburger Domherrn Ochsenstein auf die Burg dar. Auch viele Sagen umschweben die Ruinen).

Der Ausflug auf die Windeck nimmt von Baden-Baden aus nur wenige Stunden eines Vormittags oder Nachmittags in Anspruch, wenn man die Eisenbahn bis Bühl benützt und über Waldmatt, Hub und Ottersweier (Bahnhof) zurückkehrt. Gute Fussgänger können von der Windeck über Waldmatt, Hub, Aspichhof nach Neu-Windeck (Schloss Lauf) und Erlenbad wandern, wo dann die Rückfahrt nach Baden über Achern (Eisenbahn) stattfinden würde.

Hub, 187 Meter, war früher ein viel besuchtes, gut eingerichtetes Bad; jetzt ist es die Kreispflegeanstalt der Kreise Carlsruhe und Baden unter der trefflichen Leitung des Dr. Walter. Das Mineralwasser hat eine Temperatur von 21^0 R. Die Umgegend ist fruchtbar und anmuthig. Die Anstalt ist sehr sehenswerth; sie ist aber so überfüllt dass bei der letzten Kreisversammlung für Vergrösserungen und neue Einrichtungen sehr ansehnliche Summen bewilligt werden mussten. Die Eisenbahnstation Ottersweier ist nur $\frac{1}{2}$ Stunde entfernt.

Von Hub (wie auch von der Windeck oder Waldmatt) führt ein hübscher Weg nach dem obst- und weinreichen Dorfe Neusatz, welches früher Waldsteg hiess, wo die Familie Windeck ebenfalls ein Schloss besass.

Achern. Illenau. Erlenbad. Lauf. Sasbach.

Man erreicht von Baden aus auf der Eisenbahn das Städtchen Achern in einer kleinen Stunde, findet am Bahnhof Fuhrwerk aller Art mit Tarif für Erlenbad, Ottenhöfen, Allerheiligen, Renchthal u. s. w.

Für grössere Touren ist besonders darauf zu achten dass die Kutscher bei der Abfahrt, in Achern keine Zeit durch Anhalten an den Gasthöfen, denen sie angehören, verlieren. Der Fahrpreis beträgt 20 Mark für einen ganzen Tag, z. B. durch das Kapplerthal nach Allerheiligen und über Oppenau durch das Renchthal zurück, Trinkgelder einbegriffen; für kleinere Strecken ist der Tarif geringer.

Achern, 147 Meter, hat jetzt über 3000 Einwohner, einige Fabriken, lebhafte Jahrmärkte. *Gutes Bahnhofrestaurant.* Gasthöfe: *Post. Adler. Engel.* Das Städtchen hat breite helle Strassen und liegt in einer fruchtbaren milden Gegend. Auf dem Marktplatze steht ein Denkmal für den Grossherzog Leopold, ein Geschenk des aus dem nahe gelegenen Oberachern gebürtigen, 1877 in Strassburg gestorbenen Bildhauers Friedrich. In der alten St. Nikolauskapelle sollen sich die Eingeweide des bei Sasbach getödteten Marschalls Turenne befinden. Ein hübscher Fussweg nach Erlenbad führt vom östlichen Ende des Städtchens, an Illenau vorüber, in ein mit hübschen Anlagen und Ruhesitzen versehenes Wäldchen. Die grosse Irrenanstalt **Illenau**, deren musterhafte Einrichtungen durch den kürzlich verstorbenen Dr. Roller einen grossen Ruf erlangten, wurde 1837 erbaut und 1842 eröffnet; sie bildet einen umfassenden Häuserkomplex mit Kirche, Gartenanlagen, Badeanstalten, Krankensälen, Oekonomiegebäuden und passenden Einrichtungen zur Beschäftigung und Erheiterung der Kranken.

Bei der auffälligen Zunahme von Gemüthskrankheiten reicht die Anstalt schon lange nicht mehr aus und es wurde beschlossen zwei psychiatrische Filialen in Heidelberg und Freiburg zu errichten. Im Jahre 1875 wurden 383 Kranke in Illenau aufgenommen! Der Besuch der Anstalt wird aus leicht begreiflichen Gründen Fremden nicht gern gestattet.

Aus dem Wäldchen tritt man in eine Kirschbaumallee und gelangt durch anmuthige Gegend mit herrlichen Ausblicken auf das überaus fruchtbare Gelände, das sich von der Hornisgrinde und dem Brigittenschloss über Sasbachwalden herabsenkt, in 35—40 Minuten (Wegweiser überall) an mehreren zierlichen Landhäusern vorüber, nach dem lieblichen Erlenbad, 165 Meter, wo der *Peter'sche Gasthof (Hôtel und Bad)* nichts zu wünschen übrig lässt. (Gute Küche, gute Weine, mässige Pensionspreise, gutes Fuhrwerk, Gartenanlagen u. s. w.). Erlenbad besitzt eine kochsalzhaltige Quelle von 18 ^{0} R., ist von reichem Weingelände (Aubach, Schelsberg, Lauf) umgeben und bildet einen vortrefflichen Stützpunkt für zahlreiche Ausflüge in die Vorberge und in's höhere Gebirge, auf die nahe gelegenen Ruinen u. s. w.

Vom benachbarten Dorfe Lauf zieht sich ein hübscher Weg nach der gleichnamigen Burg, auch **Neu-Windeck** genannt, empor. Die Trümmer der Burg Lauf, welche vor weiterem Verfall geschützt wurden, bilden eine Zierde der Gegend; nach der Theilung des windeck'schen Geschlechts in zwei Linien erbaute die jüngere Linie die Burg, welche die Schicksale mit Alt-Windeck theilte. Sagen, z. B. von einer Geisterhochzeit (Bild in der Badener Trinkhalle) umschweben auch diese Burg. Die Entfernung vom Erlenbad beträgt 45 Minuten.

Den Rückweg vom Erlenbad nach Achern nehme man über **Sasbach**, 149 Meter, und besuche den nahen granitenen Obelisken, welcher ein Denkmal für den hier gefallenen Marschall

Turenne bildet. (Turenne wurde durch einen herabstürzenden Baumast getödtet, den eine Kugel getroffen). Die französische Regierung liess 1829 dieses Denkmal (von 7,2 Meter, mit dem Fussgestell 11,4 Meter Höhe) setzen und bestellte einen französischen Invaliden, welcher daneben wohnt, zum Schutze desselben; es zeigt Turenne's Brustbild und Wappen und trägt die Inschrift: La France à Turenne. Erigé 1829. Arras, Les Dunes, Sinzheim, Enzheim, Turkheim. Ici Turenne fut tué le 27 Juillet 1675. Vom Dorfe Sasbach führt in 20 Minuten die Landstrasse nach dem Bahnhofe von Achern zurück. Der ganze Ausflug erfordert von Baden-Baden aus (Eisenbahn hin und zurück, von Achern; zu Fuss an Illenau vorüber nach Erlenbad und über Turenne's Denkmal zurück), vorausgesetzt dass man sich im Erlenbad nicht länger als eine Stunde aufhält und von dort keine Ausflüge macht, kaum 5 Stunden.

Die gleiche Zeit erfordert der Ausflug nach dem schön gelegenen **Sasbachwalden**, 256 Meter (von Achern aus zu Wagen oder zu Fuss), wo der gute *Gasthof zum Rebstock* viele Besucher herbeizieht. Eine weite Fernsicht öffnet sich bei der Kirche. Ueber Sasbachwalden führen Wege auf das Brigittenschloss, an den Mummelsee, auf die Hornisgrinde, zum Alten Gott (Stein mit Inschrift) u. s. w.

Entferntere Umgebung.

II. Tagesausflüge von Baden.

1. Ausflug auf die Badener Höhe, nach Sand, Herrenwies u. s. w.

Zu den schönsten, beliebtesten Tagesausflügen von Baden-Baden aus gehört der über den Geroldsauer Wasserfall (s. o. Seite 86) nach dem kleinen Luftkurorte **Sand**, auf die **Badener Höhe**, nach **Herrenwies** und von einem dieser Punkte entweder über Raumünzach, Forbach, durch's Murgthal nach Gernsbach und von hier nach Baden zurück oder vom Sand durch das romantische Bühlerthal nach Bühl und von hier zurück. Die Eisenbahn lässt sich hier nicht benützen; die Tour ist zu Fuss oder im Wagen zu machen. Nur von Gernsbach oder Bühl aus kann die Eisenbahn zur Rückkehr benützt werden. Wer in einem leichten Wagen mit zwei guten Pferden früh am Morgen Baden-Baden verlässt, erreicht binnen 3—4 Stunden einen der oben genannten Punkte. Auf der Badener Höhe, mit einer der schönsten und grossartigsten Aussicht auf die Mehrzahl der Berge des Landes, befindet sich ein Schutz- und Rasthaus, wo man ein Frühstück einnehmen kann, welches man aber mitnehmen muss, weil daselbst bis jetzt noch kein Restaurant vorhanden; auf dem Sand und in Herrenwies hingegen ist für die Einkehr recht gut gesorgt.

Hoffentlich wird auch bald auf der Badener Höhe ein Thurm zur Uebersicht des Plateaus errichtet, welches kaum noch Baumwuchs zeigt und in der Vegetation ähnlich dem Hohlohberg bei Kaltenbronn ist. Von der Badener Höhe ist in einer starken halben Stunde der Herrenwieser See zu erreichen; für die, welche nach dem Murgthal gehen, kein Umweg, weil sie nicht nach Herrenwies zurück müssen. Wer direkt über den unteren Plättig auf die Badener Höhe fährt, kann von hier bequem in $\frac{1}{2}$ Stunde zu Fuss nach Herrenwies gelangen, während der Wagen inzwischen über den unteren und oberen Plättig und Sand dahin gelangt. Nach dem *Sandwirthshause* kommt man vom Geroldsauer Wasserfall direkt über den oberen Plättig oder über den unteren Plättig, Badener Höhe und Herrenwies.

Für den, welcher das Bühlerthal nicht zu durchfahren wünscht, ist es nicht nöthig den *Sand* zu berühren; er fährt über den unteren Plättig, wie oben bemerkt.

Vom *Sand* führt die Fahrstrasse an den romantischen Wiedenfelsen vorüber, abwärts nach Bühl. Ueber Herrenwies fährt man in entgegengesetzter Richtung durch herrliche Waldungen und wildromantische Gegend auf guter Strasse nach Raumünzach und erreicht die Poststrasse, die von Gernsbach über Schönmünzach nach Freudenstadt führt, an der Stelle, wo der mit dem Schwarzbach vereinigte Hundsbach in die Murg mündet. Die trefflich korrigirte Strasse führt uns dann nach Forbach. Hinter Forbach überschreitet man die neue stattliche Murgbrücke und erreicht in dem nahe gelegenen Gausbach den *Gasthof zum Waldhorn* (Forellen), wo sich von der Altane des Speisezimmers eine der entzückendsten Aussichten in's Murgthal darbietet, eine Aussicht, die in keinem der Gasthöfe zu Forbach zu finden ist.

Wer um 7 Uhr Morgens Baden-Baden verlässt, kann mit kurzem Aufenthalt in den oben genannten Orten schon gegen 2 Uhr Forbach oder Gausbach erreichen, hier zu Mittag essen und dann in $1\frac{1}{2}$ Stunden in Gernsbach sein, im vortrefflichen *Pfeiffer'schen Badhôtel* abermals ausruhen und dann Abends wieder in Baden-Baden eintreffen. Der Tarif für gutes Fuhrwerk für diese grossartig schöne Tour beträgt 25 Mark, ein Preis, der im Verhältniss zu dem, was an andern Orten, z. B. Freiburg, Albbruck, Waldshut, Konstanz u. s. w. für gleiche Wegstrecken gefordert wird, billig zu nennen ist.

Forbach und Gernsbach sind auch auf einem andern Wege, theils zu Wagen, theils zu Fuss zu erreichen. Man fahre bis zur Haldenwang'schen Fischzuchtanstalt bei Gaisbach (s. o. Seite 76) und wandere von hier zu Fuss, meist durch schattigen Wald auf sehr anmuthigem Wege über Gaisbach und Schmalbach nach Bermersbach. Von der Höhe des Passes, steil bergab, öffnen sich herrliche Blicke in's Murgthal und auf die waldbedeckten Höhen des rechten Murgufers. Schöne Wege leiten von Bermersbach nach Forbach, Gausbach und in's Murgthal.

Ermüdete Wanderer erhalten in Forbach Fuhrwerk nach Gernsbach (theuer).

Kurz vor Gaisbach führen rechts Fuss- und Fahrwege, an der Oos aufwärts, auf den sogenannten Steimersacker, wo sich mehrere Fahrwege kreuzen und in der Nähe, am Oeserstein, ein Sammelbehälter der neuen städtischen Wasserleitung aus der Kugelau und Scherrhalde sich befindet. Die sich kreuzenden Wege am Steimersacker führen nach Oberbeuern, Seelach, Lichtenthal, Geroldsau und dann in der Nähe des Breitenbrunnens vorüber auf die Scherrhalde zum sogenannten Scherrhof, einem alten Colonistenhause mit spärlichem Ackerfeld und Wiesengrund, jetzt der Stadt Baden gehörend; ihm gegenüber ist jetzt im Stil eines amerikanischen Blockhauses ein neues zierliches Häuschen für Zwecke der städtischen Wasserleitung erbaut. Während der Quellengrabungen bot diese Gegend grosses Interesse dar. Wir verweisen unsere Leser auf Seite 45—48, wo wir die neue städtische Wasserleitung ausführlich schilderten. Am Scherrhofe findet sich ein Wegweiser, der die Richtungen nach Bermersbach, Badener Höhe, Plättig, Bühlerthal angibt. Es sind jedoch die oben angegebenen Wege nach den genannten Orten vorzuziehen.

2. Ausflug in's Murgthal bis Forbach und Schönmünzach.

Das Murgthal zwischen Schönmünzach, Forbach, Gernsbach und Rastatt gehört zu den schönsten Thälern nicht allein des Grossherzogthums, sondern ganz Deutschlands und wird von Vielen dem schwarzwälderischen Alb-, Wehra- und Wiesenthal vorgezogen. Wir können dasselbe hier nicht ausführlich schildern und müssen auf unsern *Grösseren Schwarzwaldführer*, Heidelberg, C. Winter's Universitätsbuchhandlung, *I. Band (Nördlicher Schwarzwald)* Seite 59—75 verweisen.

Schwerlich wird Jemand die schöne Bäderstadt verlassen ohne dem romantischen Murgthal (wenigstens bis Forbach) einen Besuch gemacht zu haben. Die meisten Besucher fahren von Baden über die Fischzuchtanstalt, Schloss Eberstein und Gernsbach nach Forbach und kehren von Forbach über Gernsbach, Gaggenau und Rothenfels (Elisabethenquelle) durch den Wald oder über Kuppenheim und Schloss Favorite zurück, falls sie es nicht vorziehen, den im vorigen Kapitel skizzirten viel weiteren Weg über Raumünzach, Herrenwies, Sand u. s. w. zur Rückfahrt zu wählen. Ausser diesem Wege gibt es aber noch andere in's Murgthal. Neben der Eisenbahn, die über Oos und Rastatt hineinführt, werden die Wege über Oos, Hauenoberstein, Favorite, Kuppenheim, ferner die durch den Wald, an Kellers Bild vorüber, nach Rothenfels gewählt. Wer das untere Murgthal nicht berühren, sondern direkt nach Gernsbach gelangen will, hat den Weg durch Oberbeuern, am Müllenbild vorüber einzuschlagen, wo Schloss Eberstein rechts liegen bleibt. Mehrere dieser Wege lernten wir bereits früher kennen.

Die Murg entspringt aus 3 Quellen am Kniebis, der Weissmurg, 945 Meter, der Rothmurg, 889 Meter, und des Vorbachs, 864 Meter, der bei Baiersbronn einmündet, von wo das Thal abwärts erst den Namen **Murgthal** annimmt. Die Länge des Thals vom Ursprung des Vorbachs bis Kuppenheim beträgt 8 ½ geographische Meilen. Granit und Gneis wechseln mit Buntsandstein und Konglomerat. Das herrliche Thal ist nirgends einförmig; es bietet in seinen vielen Krümmungen den grössten Wechsel von anmuthigen milden Strecken und von wildromantischen Felspartien dar. Die schönste Strecke ist diejenige zwischen Weissenbach und Forbach. Holzhandel und Flösserei beschäftigen viele Bewohner.

Von Rastatt zweigt die Eisenbahn nach Gernsbach (35 Minuten) ab. Bis zur ersten Station **Kuppenheim** (s. Seite 83) bietet die Gegend nur geringes Interesse dar. Bei der zweiten Station **Rothenfels**, 140 Meter, wird das Thal etwas enger. Dem gleichnamigen Dorfe gegenüber befindet sich die **Elisabethen-quelle**, ein eisenhaltiger Natronsäuerling von 16 ⁰ R. Wärme. Trinkhalle und Badeanstalt, sowie das gute *Gasthaus von Hemmerle* werden häufig besucht. Die Umgebung ist schön. Ganz in der Nähe besitzt der Fürst Lippe-Detmold, am Fuss des Schanzenbergs ein Schloss mit Oekonomiegebäuden; an diesen vorüber zieht sich der früher (Seite 81) erwähnte herrliche Waldweg über Kellers Bild nach Baden. Die dritte Station ist Dorf **Gaggenau** *(Gasthaus zur Rose)*, 143 Meter, mit einer Glashütte, Eisenwerk, Fabrik landwirthschaftlicher Gegenstände. Oberhalb Gaggenau liegt, von schönem Garten umgeben, das **Schloss Amalienberg**, jetzt im Besitz des *Freiherrn von Magnus*. Früher war der Amalienberg ein nackter Granitfelsen; er wurde vom Oekonomierath *Rindeschwender*, welchem Grossherzog Karl Friedrich an der Landstrasse nach Hördten ein Denkmal setzen liess, angebaut. Der Amalienberg ist ein schöner Aussichtspunkt. Von Gaggenau führen schöne Waldwege nach Selbach, Staufenberg, Ebersteinburg und Baden. Die letzte Station vor Gernsbach ist Hördten; hier mussten Felsen gesprengt werden, um der Strasse und der Eisenbahn Bahn zu brechen; eine deutsche und lateinische Inschrift am rechten Murgufer gibt darüber Auskunft. Grosse Holzmassen liegen am Wege um auf Flössen weiter befördert zu werden. Die Stadt **Gernsbach** lernten wir bereits früher kennen. (S. Seite 79 und 80). Von Gernsbach muss die Weiterreise im Murgthal zu Fuss oder zu Wagen fortgesetzt werden. Ein Postwagen, mit Wagenwechsel in Schönmünzach, fährt täglich zwischen Gernsbach und Freudenstadt. (S. Cursbuch).

An der gothischen Kapelle, Klingel genannt, an welche sich die Sage von einem vor weiblicher Verführung durch plötzlichen Glockenklang geretteten Einsiedler knüpft, sowie an dem sog. Grafensprung (Bild in der Trinkhalle) mit dem Pavillon des Husteins, vorüber, gelangt man in 30 Minuten von Gernsbach nach **Obertsroth** und dem nahen **Hilpertsau.** Die Gegend ist reich an Sagen, welche *Franz Mallebrein* und *Ruppert* bearbeiteten. Der Weg wird immer romantischer; Wiesengrün, Blumen- und Rebgärten verschwinden nach und nach und die röthlich braune Murg (Eisenoxyd?) drängt sich schäumend und brausend in vielen Krümmungen zwischen den, an beiden Ufern enger heranrückenden Granitmassen hindurch. Wir folgen dem rechten Ufer des Gebirgsflusses. Eine Brücke führt vor Hilpertsau vom linken auf das rechte Murgufer.

Zwischen Hilpertsau und Weissenbach zweigt die interessante, gut gehaltene Strasse nach Reichenthal, Kaltenbronn und Wildbad ab (Wegweiser). Wir verweisen auf den folgenden Ausflug nach Kaltenbronn und auf den Hohlohberg.

Das Dorf **Weissenbach,** 194 Meter *(Grüner Baum)*, 30 Minuten von Hilpertsau entfernt, hat ein freundliches, heiteres Ansehen, eine in gothischem Stil gebaute Kirche und mehrere Sägmühlen. Grosse Holz- und Brettermassen liegen an beiden Seiten der Landstrasse aufgehäuft und geben einen Begriff von dem grossartigen Holzhandel der Murgschiffergesellschaft, welche ausgedehnte Waldungen mit gut angelegten Holzabfuhrwegen und viele Sägmühlen besitzt. Nach alten Statuten wird das Geschäft geleitet und der Gewinn unter die Theilnehmer, je nach der Anzahl der Aktien, die sie besitzen, vertheilt. (Siehe Seite 9 und 79.

Eine kleine Kapelle, Weissenbach gegenüber, am linken Ufer, liegt sehr malerisch; dasselbe gilt von dem Dörfchen Au in erhöhter Lage am linken Ufer.

Ueber Au führt ein interessanter Fussweg zu der 1860 erbauten Murgbrücke zwischen Gausbach und Langenbrand, von wo ausser dem Fussweg ein Fahrweg nach Bermersbach führt.

Schön sind von der Hauptstrasse die Rückblicke auf Schloss Eberstein hier und etwas weiter, vor Langenbrand an einer durch eine Tafel bezeichneten Stelle. Bei jeder Windung des Weges erscheint ein neues schönes Bild. In vielen Krümmungen windet sich in der Tiefe der wilde Bergstrom brausend über mächtige Granitblöcke und an schroffen Felsklippen dahin. Oft scheint der Thalgrund geschlossen und man hört nur das Rauschen des Wassers in der Tiefe. Bei Langenbrand wird das Thal noch enger und wilder und zeugt von früheren Bergstürzen und Erderschütterungen. Man erkennt in der Tiefe die oben erwähnte Brücke, über welche die Strasse nach dem hoch gelegenen Dorfe Bermersbach, das halb im Grün der Bäume versteckt liegt, führt und sich in mehreren Windungen emporzieht. Zwischen Langenbrand und Gausbach befindet sich an einer der malerischsten Stellen der neuen Strasse ein kleiner Tunnel. Langenbrand ist 1 Stunde von Weissenbach entfernt.

Auf **Langenbrand** folgt **Gausbach** (1 Wegstunde), wo man von der Altane des guten *Gasthofs zum Waldhorn* (siehe den vorhergehenden Ausflug) einen wunderschönen Blick in's Murgthal geniesst. Einige Minuten weiter aufwärts ist das stattliche Forbach erreicht. Nicht weit von der alten, bedeckten Holzbrücke führt eine neue eiserne Bogenbrücke zwischen Gausbach und Forbach auf das linke Murgufer; der Bogen dieser Brücke hat 31 Meter Spannung und eine Höhe von 20 Meter über dem Fluss und wird in diesem Höhenverhältnisse von keiner andern badischen Strassenbrücke übertroffen.

Forbach, 330 Meter (*Adler, Hirsch*) gewährt mit seiner hübschen, hochgelegenen Kirche, seinen an den Berghängen aufsteigenden Matten, Gärten und Fruchtäckern ein anmuthiges Bild.

Von Forbach führt über Bermersbach, Schmalbach, Gaisbach und Lichtenthal ein sehr schöner Fussweg in 4½ Stunden nach Baden, zuerst steil bergan mit herrlichen Ausblicken in's

Murgthal, dann über einen Bergsattel durch schattenreiche Waldung bergab. Wegweiser überall.

Ein einsamer, aber leicht zu findender Fussweg führt in 3 Stunden nach **Herrenwies**, 705 Meter *(Auerhahn)* und von hier über Sand (s. o.) entweder durch's Bühlerthal nach Bühl oder über den Schwanenwasen nach Baden. Herrenwies besitzt eine Bezirksforstei; es liegt einsam, von sumpfigen Wiesen (früher ein See) und dunkeln Tannenwäldern umgeben, begrenzt von der Badener Höhe, dem Meliskopfe und dem Ochsenkopfe. Die Einwohner sind Waldkolonisten.

Die Poststrasse von Forbach (am linken Ufer der Murg) nach Schönmünzach ist neuerdings korrigirt und bietet sehr schöne Punkte dar. Bei **Raumünzach** mündet der mit dem Hundsbach vereinigte Schwarzbach ein. Hier zweigt rechts die im vorigen Kapitel erwähnte neue Fahrstrasse nach Herrenwies, Sand u. s. w. ab. Bei Raumünzach zog in früheren Jahren das Schauspiel der Holzschwallung im Frühling viele Zuschauer herbei.

Schönmünzach, 456 Meter *(Post)* ist württembergisch; es liegt an der Schönmünzach, die aus dem 1093 Meter hoch gelegenen Wilden See abfliesst und sich bei Zwiekgabel mit dem Langenbach verbindet. Sehenswerth ist hier die Glashütte, welche besonders Tafelglas verfertigt. Bei Schönmünzach zweigt ein sehr beliebter Weg an den Mummelsee, auf die Hornisgrinde u. s. w. ab.

Wir können hier die Route nach Freudenstadt nicht weiter verfolgen, da wir nur Tagespartien, die uns am Abend wieder nach Baden zurückführen, zu schildern beabsichtigen. Wir nehmen am besten den Rückweg von Forbach nach Baden wieder durch's Murgthal, wenigstens bis Gernsbach, wo die Wahl zwischen mehreren Rückwegen freisteht. Das Murgthal ist so ausserordentlich reich an abwechselnder malerischer Scenerie dass Niemand eine zweite Rundschau auf dem Rückwege bereuen wird.

3. Ausflug nach Herrenalb und Umgebung.

Wir kennen bereits die verschiedenen Wege, die nach Gernsbach führen, sowie Gernsbach selbst. Von diesem Städtchen führt eine gute Strasse über Loffenau nach Herrenalb und von hier weiter über Dobel nach Wildbad, welches 6 Stunden von

Gernsbach entfernt ist. Man kann diesen Ausflug nach **Herren-alb** zu Wagen recht gut in 1 Tage von Baden-Baden hin und zurück machen; will man die Eisenbahn über Oos und Rastatt benützen, so thut man gut, vorher einen Wagen in Gernsbach zu bestellen. Der Weg zieht sich vom Bahnhof durch den Stadttheil am rechten Murgufer, an der Murgbrücke vorüber und biegt dann links ab. Der neue Aussichtspavillon am Fechten-buckel bleibt rechts; die Strasse zieht sich allmälig in die Höhe und gewährt schöne Rückblicke. Nach 1 Stunde (zu Fuss) ist bei der sogenannten Krummeneck die württembergische Grenze, 353 Meter, erreicht und nach wenigen Minuten das Dorf **Loffenau,** die Hälfte des Weges von Gernsbach nach Herrenalb. Loffenau hat eine Lage, die den Obst- und Weinbau begünstigt; der Laufbach bildet hier einen kleinen Wasserfall, daher wohl der Name Lauff, Loff.

Von dem 1250 Einwohner zählenden Dorfe wird oft der Berg, welcher den Namen Teufelsmühle führt, bestiegen; von ihm, 909 Meter, geniesst man eine herrliche Aussicht. Der Berg bildet einen schmalen, an beiden Abhängen bewaldeten, oben kahlen, mit regellos umherliegenden Sandsteinmassen be-deckten Gebirgsgrat; eines dieser Sandsteingebilde führt den Namen Teufelsbett, auf welches der Engel, der auf der Engels-kanzel bei Baden gepredigt, den Teufel, der es zu arg ge-trieben, geschleudert haben soll. Noch andere Sagen umspielen diesen Ort und das Murgthal.

Hinter Loffenau zieht sich die neue Strasse in Krüm-mungen empor — Fusswege durch Wald kürzen — bis zum sog. Käppele, der Scheide des Alb- und Murgthals. Von hier erreicht man das reizend gelegene **Herrenalb,** dessen Wasser-heilanstalt, früher unter der Leitung des Dr. H. Kleinerz, jetzt unter derjenigen des Dr. Tüllmann, von Kurgästen aus ganz Deutschland zahlreich besucht wird. An Gasthöfen, Restau-rants u. s. w. herrscht in Herrenalb kein Mangel. Eine Post-verbindung findet über Ettlingen nach Carlsruhe und über Neuen-bürg und Pforzheim nach Stuttgart, auch nach Gernsbach statt. In Herrenalb sind die Ueberreste des, in der Mitte des 12. Jahrhunderts von Berthold von Eberstein gestifteten Cisterzienser-klosters mit interessanter Vorhalle, Grabdenkmälern u. s. w. zu besichtigen. Spaziergänge, Aussichtspunkte sind in Menge vor-handen: Felsengruppen am Falkenstein, Promenaden nach dem Geisthal, nach der Klause, nach Frauenalb, Marxzell und ganz

besonders nach dem Dorfe Dobel, 1½ Stunden von Herrenalb,
wo man bei'm Signal am Stierkopf, 723 Meter, eine ausgedehnte
Fernsicht geniessen kann. Ueber Dobel führt bergauf, bergab
die Strasse nach Wildbad, 2½ Stunden. Die Strasse nach Ettlingen führt über Frauenalb (badisch, 1¼ Stunde von Herrenalb)
und Marxzell durch das an beiden Seiten mit Laubholzwaldung
umsäumte, etwas monotone Wiesenthal der Alb, welche in der
Nähe der Teufelsmühle am nördlichen Abhange des Langmert-
kopfes, etwa 900 Meter ü. M. entspringt und nach einem Laufe
von 11 Stunden in den Rhein mündet. Wildbad liegt zu entfernt, um es in Einem Tage hin und zurück von Baden-Baden
aus besuchen zu können.

4. Ausflug über Gernsbach nach dem Hohlohberg und nach Kaltenbronn.

Durch eine schmale Gasse des Städtchens Gernsbach zieht
sich die Murgthalstrasse an dem *Pfeiffer'schen Badhôtel* vorüber,
am linken Ufer der braunen über Felsblöcke dahin rauschenden
Murg aufwärts. Wir schilderten in dem Ausfluge durch's Murgthal (s. o.) bereits die Gegend. Vor Weissenbach zweigt links
(Wegweiser) der interessante Weg nach Reichenthal, Kaltenbronn und Wildbad ab. Hinter dem, 405 Meter hoch gelegenen Dörfchen Reichenthal (wo im *Wirthshause zum Auerhahn* stets Forellen zu haben sind), erscheint links ein herrlicher Eichenwald, der sich durch ein Gewirr von Felsen
emporzieht, zwischen welchen im Mai und Juni der gelbe Ginster
zierliche Teppichpolster bildet. Etwa ½ Stunde von Reichenthal macht die Strasse, die sich fortwährend in die Höhe zieht,
bei einer malerischen Felsengruppe, die einer Orgel gleicht,
eine starke Biegung nach rechts; bald erscheinen bei abermaligen Krümmungen des Wegs statt der Eichen Buchen, auf
welche dann Tannen folgen. Nach etwa 1½ Stunde, am Binsen-
berg (fast 900 Meter) zeigt links ein Wegweiser nach Brotenau;
rechts führt ein etwas feuchter Fussweg in 30—35 Minuten
direkt zu dem hölzernen Thurm auf dem **Hohlohberg** (997 M.).
Man kann von diesem Punkte der Landstrasse den Wagen nach
Kaltenbronn vorausschicken, um das Mittagessen für die Rückkehr vom Hohlohberg zu bestellen, wenn man es nicht vorzieht,

den Weg zum Aussichtsthurm von Kaltenbronn aus, also umgekehrt, zu machen.

Der hölzerne Gerüstthurm ist nie geschlossen; er gewährt eine der schönsten Aussichten auf die Bergkuppen und Bergreihen des Schwarzwaldes, besonders auf die, welche das Kinzig-, Enz-, Eyach-, Murg- und Neckarthal umsäumen. Der kleine Hohlohsee liegt etwas tiefer, südlich, nur wenige Minuten vom Thurm entfernt, bietet aber kein Interesse dar. Ein nicht zu verfehlender Weg (Fahrweg) führt in 25 Minuten vom Thurm nach dem, mitten im Walde gelegenen grossherzoglichen Jagdhause Kaltenbronn, wo sich eine gute *Wirthschaft* befindet, die häufig von Wildbader Kurgästen besucht wird. Kaltenbronn ist bekannt durch die Auerhahnenjagden, welche hier vom Grossherzoge, den grossherzoglichen Prinzen und den eingeladenen Gästen abgehalten werden. Auf der sehr guten Strasse kann man in 1½ Stunden nach Wildbad hinunter fahren. Für eine Tagespartie liegt Wildbad aber auch auf diesem Wege von Baden-Baden zu entfernt, es sei denn dass man sich sehr guter Pferde bedient, früh ausfährt und spät heimkehrt. Wer von Kaltenbronn nach Gausbach oder Forbach will, kann den näheren, aber etwas beschwerlichen Fussweg über die Latschigfelsen (Schutzhütte daselbst) einschlagen.

5. Ausflug in's Bühlerthal.

Wenn man zu diesem Ausfluge die Eisenbahn bis Steinbach oder Bühl benützt und ihn von Bühl aus im Wagen nur bis zum Wiedenfelsen, nicht aber bis Sand oder Herrenwies ausdehnt, so nimmt er kaum einen ganzen Tag in Anspruch. Ein Anderes ist es, wenn man ihn zu Fuss macht. Guten Fussgängern möchten wir Folgendes empfehlen: Man fahre von Baden auf der Eisenbahn nach Steinbach, wandere von hier nach Neuweier, dann über Horrenbach, Eisenthal, Affenthal nach Altschweier, wo man das eigentliche Bühlerthal betritt, bis zum romantischen Wiedenfelsen, 750 Meter. (Ein Wagen von Bühl bis hier kostet 10 Mark). Das 2 Stunden lange Bühlerthal *(Grüner Baum)* zählt 3360, meist wohlhabende Einwohner, welche neben Wein- und Ackerbau auch Holzhandel betreiben. Neue schöne Kirchen schmücken · sowohl Altschweier als den Haupthäuserkomplex in der Mitte des Thals.

Wer vom Wiedenfelsen weiter aufwärts nach Sand, Herrenwies, Plättig, Badener Höhe wandern will, kann von dem Fahrwege unterhalb des Felsen-Belvedere einen längeren Fussweg
durch prächtigen Wald an malerischen Felsen und an den
schwachen Trümmern der Burg Bärenstein nach dem gemüthlichen *Sandwirthshause* einschlagen. Die windeckische Burg
Bärenstein soll von einem Ritter auf der Yburg zerstört worden
sein. Vom Sand und von Herrenwies war schon früher die Rede.
Von dem herrlichen Punkte des **Wiedenfelsen** oder vom
Sand braucht man nicht, um nach Bühl zu gelangen, durch das
lange Bühlerthal zurückzukehren. Vom Sand kann man über
die Hundseck (bequemer Fussweg) und von hier auf leicht
fahrbarer Waldstrasse über Steckenhalt nach der Ruine Windeck
und dann über Hub an den Bahnhof von Ottersweier oder über
Riegel und Kappel-Windeck (berühmte alte Linde), an den
Bahnhof von Bühl gelangen. (S. Seite 97). Unterhalb des Wieden-
felsens kann man auch vom sogenannten Oberthal aus auf leicht
zu findendem Wege nach dem schön gelegenen **Neusatzereck**
und nach Windeck oder über Dorf **Neusatz** nach Hub und
Ottersweier gelangen.

---

6. Ausflug an den Mummelsee und auf die Hornisgrinde.

An den Mummelsee und auf die Hornisgrinde führen von
Baden aus verschiedene Wege. Auf der neuen Strasse über
den Schwanenwasen kann man bis *Sand* fahren, dann zu Fuss
über die Hundseck auf die Hornisgrinde wandern, von hier zum
Mummelsee auf einem bequemen Fusswege hinabsteigen und
über das sog. Brigittenschloss, Sasbachwalden und Achern heimkehren. Rüstigen Fussgängern ist dieser Weg zu empfehlen.

Bequemer gelangt man zum Mummelsee, wenn man in
Achern einen Wagen nimmt und durch das Thal von Oberkappel über Ottenhöfen und Seebach bis zu dem Punkte der
neuen Gebirgsstrasse (über den Ruhstein und nach Schönmünzach) fährt, wo ein Wegweiser den Pfad an den See bezeichnet. Die meisten anderen Wege, z. B. von Hundsbach, die
Fusswege, welche mitunter die Führer von Seebach aus einzuschlagen pflegen, sind beschwerlich und der Weg durch das
Murgthal über Schönmünzach und dann über Zwickgabel aufwärts nimmt mehr als Einen Tag in Anspruch.

Der **Mummelsee** füllt den Grund einer dunkeln, einsamen, waldumsäumten Schlucht. Die Sage macht ihn zu einer Wohnung von Nixen und Seefräulein, Mümmelchen genannt, die sich Nachts bei Mondenschein im See tummeln. Ein Bild in der Trinkhalle zu Baden stellt einen derartigen Nixenreigen dar. In alten Urkunden wird der See schon lacus mirabilis, Wundersee genannt und der „Simplicissimus" berichtet Abenteuerliches und Wunderbares über ihn. Er liegt 1002 Meter hoch, ist aber nur 18—20 Meter tief, also nicht so tief als man früher allgemein annahm; eine Schutzhütte wurde 1856 für die zahlreichen Besucher an der Südseite errichtet; hier sind im Sommer Erfrischungen zu haben und es ist sogar ein Kahn zum Umherfahren vorhanden. Eine Quelle frischen Wassers ist in der Nähe.

Vom See führt im Zickzack ein Weg auf die kahle Höhe der weithin sichtbaren **Hornisgrinde**, welche eine Höhe von 1166 Meter haben und somit den höchsten Punkt der nördlichen Schwarzwaldkette bilden. Ein Aussichtsthurm wird hier sehr vermisst. Dennoch aber bietet sich Demjenigen, welcher auf dem langgestreckten, aus Buntsandstein bestehenden Rücken umherwandert, ein herrliches Panorama dar. Spuren früherer Seen erscheinen östlich in den moorigen Vertiefungen, die noch immer von dichten Wäldern umgeben sind. Man erblickt hier fast alle höheren Berge des Schwarzwaldes, auch die schwäbische Alb, Freudenstadt, die Achalm bei Reutlingen, Burg Hohenzollern, Hohentwiel und bei ganz klarem Himmel sogar die Alpen.

Wegweiser bezeichnen die Wege zum Hinabsteigen; man hüte sich direkte Richtungen (ohne Fusswege) nach dem Brigittenschloss, Sasbachwalden u. s. w. einzuschlagen, weil man zwischen den mit dichtem Moos übersponnenen Felsspalten tief einsinken kann.

Wer den Weg über Kappel, Ottenhöfen und Seebach eingeschlagen, kann über Brigittenschloss, Sasbachwalden und am sog. Alten Gott vorbei, über Erlenbad nach Achern heimkehren. Andere Rückwege ergeben sich aus dem oben Angeführten.

Das **Brigittenschloss** (Hohenroderschloss), 762 Meter, bietet nur wenige verwitterte, den Einsturz drohende Mauerreste dar. Die Fernsicht ist schön, aber nicht mehr lohnend für Den, der von der Hornisgrinde kommt. Schatzgräber wühlten mehrfach in den Ruinen, um welche ebenfalls allerlei Sagen und Legenden

schweben. Ueber Bischenberg und Hörchenberg, wo man die
sterile Region verlässt und wieder Reben, Obstbäume und Kastanien erblickt, gelangt man steil abwärts nach Sasbachwalden u. s. w.

7. Ausflug nach Allerheiligen, von Achern durch das Kappelerthal oder von Appenweier durch das Renchthal.

Es gehört dieser Ausflug zu den beliebtesten, denn der
Katarakt von Allerheiligen bildet einen der prachtvollsten und
sehenswerthesten Punkte des ganzen Schwarzwaldes.

Der Ausflug kann von Baden-Baden ebenfalls bequem in
Einem Tage, mit Benützung von Eisenbahn und Fuhrwerk
(einzelne Strecken zu Fuss) gemacht werden. Man benütze den
Morgenzug der Eisenbahn bis Achern, besteige daselbst am
Bahnhofe einen Wagen (fester Tarif) und fahre, ohne sich in
Achern aufzuhalten, über Oberachern und Kappel nach Otten-
höfen. Das fruchtbare Kappelerthal wird von der Acher durch-
flossen und bietet mehrere schöne Punkte dar, besonders in der
Nähe des Marktfleckens Oberkappel, auf welchen das, jetzt
der Familie Neuenstein gehörige Schloss Rodeck (Stammsitz der
Familie Röder von Rodeck) herabschaut.

Ottenhöfen besitzt 3 gute Gasthöfe (Pension), welche im
Sommer zahlreich besucht werden. Auf einer Anhöhe, in der
Nähe liegen die schwachen Trümmer der Burg Bosenstein,
welche der Sage nach von einer Edelfrau dieses Namens bewohnt wurde, die in Abwesenheit ihres Gemahls sieben Kinder
auf einmal gebar, von denen sie sechs unter dem Vorwand, es
seien junge Hunde, zu tödten befahl. (Die Nachkommen der geretteten Kinder sollen die unter dem Namen Hund im Kappeler-
thale vorkommenden Familien sein!) Die unnatürliche Mutter
wurde lebendig in der Grotte eingemauert, welche den Namen
Edelfrauengrab führt. Diese Grotte ist eine ausgewaschene
Höhle neben malerischen, kleinen Wasserfällen, die sich in ein
Granitbecken stürzen. Es sind diese die sog. Gottschlägfälle,
welche ein reizendes Miniaturbild von Allerheiligen darstellen.
Kleine Brücken und Felstreppen führen auf die Höhe, in das
obere, mit schönen Felsgruppen gezierte Gottschlägthälchen

8

(Pavillon); von hier führt der Weg (überall Wegweiser) über
die Blöchereck durch Wald auf die Fahrstrasse, welche sich
von Ottenhöfen direkt, am *Gasthaus zum Erbprinzen* vorüber,
auf den Bergsattel emporzieht (Fusswege rechts kürzen), an
dessen anderem Fusse das romantische **Allerheiligen** liegt.
Diejenigen, welche die obige schöne Fusspartie über das
Edelfrauengrab u. s. w. machen, können den Wagen von Ottenhöfen an den Punkt der Fahrstrasse bestellen, wo der Fussweg
von der Blöchereck einmündet und die übrige Strecke nach
Allerheiligen fahren. Ueberraschend ist der Blick von der Höhe
auf die im Grunde des dunkeln Waldkessels liegende Kloster-
ruine.

In dem weit und breit bekannten *Mittenmaier'schen Gast-
hause* zu Allerheiligen, das in Folge des überaus zahlreichen
Besuchs durch Anbauten vergrössert und verschönert wurde,
findet man vortreffliches Unterkommen (Pensionspreis 6 Mark).
Vor dem Mittagessen besuche man die berühmten **Wasserfälle,**
Büttenschrofen genannt, die durch eine im Zickzack gespaltene
Felsenschlucht brausen und am Ende derselben als Lierbach
weiter rauschen.

In der Nähe des Gasthofs führt der Waldweg rechts (überall
Wegweiser) zum Teufelsstein, zur Engelskanzel (Pavillon mit
überraschendem Ausblick in die Schlucht), zur Luisenhütte, von
wo er sich bis zum sog. „Steinernen Tisch" am Ende der
Wasserstürze, wo sich auch eine Rasthütte (besonders für Fuhr-
werke aus dem Renchthal) befindet, hinabzieht. Von hier folge
man dem Wege an den Fällen aufwärts, auf Galerien, Brücken
und steilen, leiterartigen Treppen. Den besten Ueberblick über
den Fall hat man in der Mitte des Wegs auf einer Ruhebank
unter dem Felsen. Das Thal, durch welches sich der Gründen-
bach in 7 Hauptfällen (Bütten) in der mit üppigem Moospolster
überkleideten Felsenkluft, in schäumenden, wild aufspritzenden
Wasserwogen hinabstürzt, scheint einst durch eine gewaltige
Kraft zerborsten und aus seinen Fugen gerissen zu sein. Die
Höhe der Gesammtstürze beträgt 98 Meter, einige davon sind
10—12 Meter hoch. Die †† Förster *Eichrodt* und *Mittenmaier* erwarben sich Verdienste durch ihre Bemühungen,
mehrere Punkte zugänglich gemacht zu haben. Gleich dem
kürzlich erst eröffneten Schlüchtthale im südlichen Schwarzwalde waren diese Wasserfälle von Allerheiligen Jahre lang
unbekannt und unzugänglich. An die Namen einzelner Punkte:

Siebenschwesternfelsen, Zigeunerhöhle, Rabennest, Reitersprung u. s. w. knüpfen sich Sagen und wirkliche Ereignisse. Das Ganze ist ein herrliches, poetisches Bild, ein Glanzpunkt des Schwarzwaldes.

Nachdem man sich im Gasthofe gestärkt, besuche man die anstossenden schönen **Klosterruinen**, aus denen die frühere Pracht und Grösse noch deutlich zu erkennen; sie werden jetzt vor weiterem Verfall sorgfältig geschützt. Allerheiligen wurde 1191 durch die Herzogin Uta von Schauenburg (aus gräflich Calw'schem Geschlecht) gegründet. Die komische Sage von einem Esel, der hier durch das Abschütteln seiner Last den Platz für das Kloster bezeichnet haben soll, umschwebt diese Gründung und der sog. Eselsbrunnen, der von ihm aufgescharrt wurde, bewahrt bis zur heutigen Stunde das Andenken an ihn. 1195 wurde Allerheiligen mit 5 Prämonstratenser Mönchen besetzt und bildete eine Propstei, welche reich, durch strenge Klosterzucht berühmt und 1657 zur Abtei erhoben wurde. (Die Geschichte dieses Klosters ist von nicht geringem Interesse. Wir bedauern dass es uns hier an Raum gebricht, dieselbe näher zu schildern; eine Skizze findet sich in unserem Grössern Schwarzwaldführer, I. Band, Nördlicher Schwarzwald, Seite 88). Die rauhe einsame Lage des Klosters behagte den Bewohnern nicht immer und veranlasste den Wunsch, in's mildere Renchthal nach Lautenbach überzusiedeln, wo der Propst Rohart von Neuenstein eine Wallfahrtskapelle erbaut hatte. Ein Kapitelsbeschluss vereitelte aber dieses Vorhaben. 1802 wurde das Kloster aufgehoben (der letzte Prälat W. Fischer starb in Oberkirch), 1803 schlug der Blitz in die verödeten Klosterräume, während verschiedene Plane über deren Benützung vorlagen und zerstörte Alles.

Für die Rückkehr von Allerheiligen hat man die Wahl zwischen dem direkten Wege über Ottenhöfen oder dem durch das schöne **Lierbachthal** (der Fahrweg von Allerheiligen führt in weitem Bogen bis an den sog. „Steinernen Tisch" am untern Ende des Wasserfalls) bis zur Eisenbahnstation in Oppenau. Von hier kann man über Appenweier auf der Eisenbahn nach Baden zurückkehren. Will man das Fuhrwerk länger benützen, so kann man auch über Lautenbach, Oberkirch, Nussbach nach Appenweier oder von Oberkirch direkt nach Renchen oder endlich von Oberkirch direkt über Ulm nach Achern fahren und in jedem Fall Abends wieder in Baden eintreffen.

Viele ziehen es vor, seitdem die **Renchthalbahn** von
Appenweier bis Oppenau eröffnet ist, bis Appenweier die Bahn
zu benützen und dann, entweder von Oberkirch, Lautenbach
oder vom Bade Sulzbach aus (der Bahnhof für Sulzbach ist
Hubacker) nach Allerheiligen zu wandern. Von **Oberkirch**
sind es 4 Wegstunden dahin, von **Lautenbach** $3\frac{1}{4}$, vom **Bad
Sulzbach** 3 Stunden. Diese, meist mit Wegweisern versehenen
Wege sind schön und reich an Aussichten. Wir rathen, die
Eisenbahn von Appenweier durch's Renchthal bis Hubacker zu
benützen, nach Bad Sulzbach (20 Minuten) zu gehen und von
hier (sehr guter *Gasthof von Börsig*, wo stets Forellen zu haben)
den herrlichen Fussweg über den Braunberg nach Allerheiligen
einzuschlagen. Auf der Höhe des Braunbergs bezeichnet eine
Tafel einen sehr schönen, in 3 Minuten zu erreichenden Aussichtspunkt: man blickt in's Lierbachthal, in dessen Tiefe das
Nordwasser rauscht, rechts und links erheben sich gewaltige,
mit schwarzen Tannen bekleidete Waldrücken, von lichtgrünen
Wiesengründen umgürtet. Das grossartige Bild wird durch den
Blick nach Westen in die Rheinebene noch erweitert; er ist,
wie der auf die Ramsbacher Eck, ein Lieblingsausflug der Kurgäste von Sulzbach. Vom Badhôtel, dessen (mehreren andern
Bädern des Renchthals gegenüber) billige Preise nebst der herrlichen Umgebung grosse Anziehungskraft üben, führt auch ein
anderer, ebenfalls malerischer Weg über den Sohlberg nach Allerheiligen; dieser ist etwas weiter als der über den Braunberg; man
hoffte ihn schon im Sommer 1878 als Fahrweg von Sulzbach aus
benützen zu können, doch wird er erst 1879 vollendet werden.

Nachdem wir den Tagesausflug von Baden-Baden nach
Allerheiligen in Obigem kurz skizzirt, muss noch bemerkt werden, dass vom Bahnhofe zu Oppenau aus auch die Tour in die
Renchthalbäder Petersthal, Freiersbach und Griesbach bis an
den Fuss des Kniebis zu Wagen in einem Tage gemacht werden
kann, natürlich dann ohne den Besuch von Allerheiligen. Man
trifft um $10\frac{1}{2}$ Uhr auf der Eisenbahn in Oppenau ein und
kann von dort um 5 Uhr Nachmittags oder 9 Uhr Abends
über Appenweier zurückkehren. Dasselbe gilt von dem Besuche des schön gelegenen Bades Antogast, das nur 1 Stunde
von Oppenau entfernt ist. Fuhrwerk befindet sich in der Regel
am Bahnhofe zu Oppenau, ist aber auch im *Gasthofe zur Post*
in **Oppenau** zu haben. Die Entfernung von dem luxuriösen
Bade Rippoldsau ist sowohl über Oppenau als über Hausach zu

gross, um den Ausflug dahin in Einem Tage hin und zurück machen zu können. Viele Touristen begnügen sich mit dem Ausfluge von Baden-Baden nach dem freundlichen **Oberkirch** im Renchthal, wo der gute *Geldreich'sche Gasthof zur Linde* allen Ansprüchen auf Küche und Keller genügt. Von Oberkirch besuche man das hübsche Haber'sche Landgut Höllhof, die Ruine Schauenburg, das Dorf Gaisbach (Schloss der Familie von Schauenburg) u. s. w. Ueber das Haber'sche Gut kann man auf einem aussichtreichen Wege in $3^3/_4$ Stunden über den Sohlberg nach Allerheiligen — Wegweiser überall — gelangen. Einen andern interessanten Weg kann man über Schloss Fürsteneck durch die Bottenau nach dem Schlosse Staufenberg, nach Durbach und von hier über Zell (wo der berühmte Zeller Rothwein wächst) nach Offenburg einschlagen, 3 Stunden.

Auch der Besuch **Lautenbach's** (guter *Gasthof zum Schwan*) mit der interessanten Wallfahrtskirche oder der Besuch des **Bades Sulzbach** wird Vielen als Tagesausflug genügen, zumal wenn damit einige kürzere Spaziergänge zu schönen Aussichtspunkten verbunden werden, z. B. von Lautenbach auf den Spitzenberg (25 Minuten), auf den Schärtenkopf ($1^1/_2$ Stunden), in's Rüstenbachthal; von Sulzbach auf die Ramsbacher Eck ($^3/_4$ Stunde); von Station Hubacker zu den Burgüberresten von Neuenstein ($^1/_2$ Stunde) und von der Bärenburg ($^3/_4$ Stunde), auf den Schärtenkopf ($1^1/_4$ Stunden) also etwas näher als von Lautenbach u. s. w. Wir haben in unserem *Grösseren Schwarzwaldführer, I. Band, Nördl. Schwarzwald* (Seite 101 u. ff.), sowie auch in dem *Kleinen Schwarzwaldführer* (Heidelberg, 1878) diese Gegenden näher geschildert und müssen darauf verweisen.

---

8. Ausflug auf der Schwarzwaldbahn über Offenburg nach Hausach, Hornberg, Triberg bis Sommerau oder St. Georgen.

Einen der genussreichsten Ausflüge bildet der über Offenburg auf der Schwarzwaldbahn nach Hausach, Hornberg, Triberg bis Sommerau oder St. Georgen. Niemand lasse sich durch die Entfernung abschrecken; der Ausflug kann in Einem Tage

gemacht werden. Wer sich um 7³/₄ Uhr Morgens in Baden auf die
Eisenbahn begibt, erreicht Oos binnen 8 Minuten Fahrzeit,
wechselt den Zug mit dem von Carlsruhe kommenden, befindet
sich um 9 Uhr 35 Min. in Offenburg und erreicht Triberg um
12 Uhr Mittags, wo man bis zur Abfahrt des Schnellzugs, 2 Uhr
31 Min. oder bis zur Abfahrt des Postzugs, 4 Uhr 20 Min. (der
Schnellzug hält nicht in Sommerau und St. Georgen) Zeit genug
hat, den Wasserfall und allenfalls auch noch die Gewerbehalle
zu besuchen. Hoffentlich werden den Zügen auf der Strecke
von Hausach bis Sommerau und noch weiter, wiederum offene,
omnibusartige Wagen beigegeben, um die herrlichen Aussichten
zu geniessen und ein klares Bild von dem kühnen, grossartigen
Bau zu erhalten, der mit Recht eine Zierde und ein Ruhm
Deutschlands genannt wird.

Wer den Triberger Wasserfall kennt, kann schon in Hornberg um 11 Uhr 29 Min. aussteigen, hier zu Mittag essen, den
Schlossberg (berühmte Aussicht) besuchen, und um 2 Uhr 7 Min.
die Reise mit dem Schnellzuge fortsetzen.

Um 6 Uhr 9 Min. kann man von St. Georgen oder um
6 Uhr 16 Min. von Sommerau zurückfahren. An beiden Orten
befinden sich gut gehaltene Restaurants in unmittelbarer Nähe
der Bahnhöfe.

In nächster Nähe des Triberger Wasserfalls steht der ele-
gante, trefflich eingerichtete *Gasthof: Schwarzwaldhôtel von
Bieringer;* in Hornberg ist der ausgezeichnete *Gasthof zum
Bären von Baumann* zu empfehlen.

Mit dem Abendzug erreicht man Offenburg um 8 Uhr 50
Minuten und befindet sich um 11 Uhr 15 Min. mittelst Eilzugs
wieder in Baden-Baden.

Wir rathen aber den Touristen, die diesen interessanten
Tagesausflug machen, in Triberg oder Hornberg — Hornberg
hat eine viel schönere Lage als Triberg — zu übernachten.
Wer sich auf dieser Tour einen besondern Naturgenuss verschaffen will, bestelle sich bei'm Hinauffahren auf die Sommerau,
am Bahnhofe in Hornberg (bei dem stets anwesenden Omnibus-
kutscher des *Bären-Hôtels*) einen Wagen für den Abend nach
Triberg in das dortige *Schwarzwaldhôtel* oder an den Triberger
Bahnhof und fahre die romantische, wunderherrliche Landstrasse
durch das Gutachthal nach Hornberg hinab, von der sich
die überraschendsten Blicke auf die zahlreichen Krümmungen
und Tunnels der Schwarzwaldbahn darbieten. Gutes bequemes

Fuhrwerk aller Art ist im *Gasthof zum Bären* in Hornberg zu haben, wie denn überhaupt dieser Gasthof bei patriarchalischer Einfachheit die Güte und Billigkeit der alten Schwarzwaldhôtels mit modernem Comfort (ohne Luxus) auf das zweckmässigste verbunden hat.

Der zahlreiche Besuch dieses Hôtels von Einheimischen und Fremden (besonders hamburgischen und preussischen Familien) veranlasste den Besitzer, passende Dépendances in schattiger und zugleich ruhiger Lage mit Garten einzurichten. Leider werden auch im Schwarzwalde diejenigen Gasthöfe, wo der Fremde Wohlwollen und Theilnahme abseiten der Familie des Besitzers deutlich herausfühlt, immer seltener. Daher mag es uns Niemand verargen, wenn wir dem *Gasthofe zum Bären des Herrn Baumann* in Hornberg ein wohlverdientes Lob spenden. Tausende, welche diesen Gasthof seit Jahr und Tag gleich uns besuchten, werden unbedingt in dieses Lob einstimmen.

Die Schilderung der eben erwählnten Tour findet sich in dem Buche: *Die Badische Schwarzwaldbahn von Offenburg über Triberg nach Singen, Schaffhausen und Sigmaringen* von *Dr. Carl Wilhelm Schnars.* II. Auflage, 1877. Heidelberg, C. Winter's Universitätsbuchhandlung. Wir waren in diesem Buche bemüht, die Schönheiten dieser Gebirgsbahn, unstreitig der grossartigsten aller Eisenbahnen des deutschen Kaiserreichs, genau und ausführlich zu schildern.

---

9. Ausflug nach Strassburg.

Nach Strassburg führt die Eisenbahn von Baden-Baden und Oos über Appenweier, Kork und Kehl. Man erreicht **Strassburg** (Strassburg hat zwei Bahnhöfe: am Metzgerthor und den Hauptbahnhof am Kronenburgerthor, am Westende der Stadt, 15 Minuten Fahrzeit vom ersteren entfernt) schon um 10 Uhr 21 Min. Vormittags, wenn man Baden um $7\frac{3}{4}$ Uhr verlässt, hat Zeit genug das Interessanteste in der Stadt zu besichtigen, einen Ausflug in die Umgebung (z. B. in die Orangerie) zu machen und kann um 5 Uhr, um 5 Uhr 40 Minuten oder um 9 Uhr 9 Minuten die Rückfahrt antreten. Anschlüsse in Appenweier vermitteln rasche Heimkehr. In **Strassburg** wird bei kurzem Besuch Folgendes zu besichtigen sein: Zu Wagen von der Station am neuen Metzgerthor aus nach der Citadelle mit dem Kriegerdenkmal, dann zur Thomaskirche und von hier zum Münster, wo der Thurm bis zur Plattform mit herrlicher

Uebersicht über die Stadt und Umgebung zu besteigen ist; Mittags 12 Uhr ziehen die mechanischen Spielereien der berühmten astronomischen Uhr des Münsters viele Neugierige herbei. Das Innere desselben wird in neuester Zeit durch Gemälde und Bauten sehr verschönert. Man besichtige ferner das Kleber- und Gutenbergmonument, die Universitäts- und Landesbibliothek, das neue Anatomiegebäude, die neue protestantische Kirche, das Steinthor und die neuen Festungsbauten daselbst u. s. w. Es liessen sich noch viele Sehenswürdigkeiten anführen, z. B. die Säle in der Aubette, in der Mairie, der Concertsaal des sog. deutschen Kasino, die Fleisch- und Gemüsehalle, das durch kleine Gewerbsleute sehr belebte Quartier, „Klein Frankreich" genannt, u. a. m.

Zu einem Besuche der Forts dürfte die Zeit nicht ausreichen. Strassburg wird fortwährend verschönert durch stattliche Bauten und Anlagen, und Verkehr und Wohlstand heben sich immer mehr. Nach und nach wird dieses auch von den elsässischen Bewohnern anerkannt.

Bei kurzem Besuch wird ein *Restaurant* oder *Café* genügen. Guter Gasthof: *Rothes Haus*. Treffliches Bier im *Luxhof*. Gänseleberpasteten bei *Henri*. Gute Conditorei bei *Brendel*. *Delikatessen und Restaurant bei Valentin*.

---

10. Ausflug nach Freiburg.

Nach **Freiburg** führt uns die Eisenbahn von Baden über Appenweier nach Offenburg und von hier an Lahr und vielen kleineren, am Fuss des Gebirges links liegenden Städtchen und Ortschaften vorüber. Bei den Stationen Riegel, Emmendigen und Denzlingen öffnen sich schöne Blicke auf das Kaiserstuhlgebirge rechts und auf den 1243 Meter hohen Kandel, sowie in das Elz- und Glotterthal links. Der stattliche neue Bahnhof von Freiburg, welches jetzt 35,000 Einwohner zählt, wird um 11 Uhr 35 Min. erreicht. Es ist also hinreichend Zeit zu einem Rundgange durch die Stadt vorhanden, wenn man um 8 Uhr 5 Min. die Rückreise antritt oder den Schnellzug, welcher um 10 Uhr 55 Min. Abends abfährt und um 1 Uhr 35 Min. in der Nacht in Oos eintrifft, benützen will. (Sollte der Nachtschnellzug zwischen Oos und Baden-Baden eingestellt sein, so findet jedenfalls

eine Beförderung der Reisenden mittelst Postomnibus statt).
Wir empfehlen in Freiburg das vortreffliche *Hôtel Sommer zum
Zähringer Hof*, unstreitig eines der besten des ganzen badischen
Landes und in Freiburg jedenfalls das erste.

Auf folgendem **Rundgange** kann man das Wichtigste und
Interessanteste in Augenschein nehmen. Vom Bahnhofe wende
man sich links durch die zierlichen Anlagen der Bahnhofstrasse
in die Friedrichstrasse, dann rechts an einem schönen Brunnen
vorüber znm Rotteck-Denkmal. Von hier wieder zurück in die
Friedrichstrasse und dann rechts zur Kaiserstrasse. Links, in
der Nähe befinden sich die protestantische Kirche und das neue
Hospital (etwas entfernter die Augenklinik, das sog. Mutterhaus,
die Anatomie und die, soeben vollendete geräumige Central-
Strafanstalt u. s. w.). Von der Kaiserstrasse gehe man durch
die Bernhardstrasse zum Karlsplatz rechts, zur Kunst- und Festhalle, dann an der Karlskaserne vorüber zu dem grossartigen,
im Oktober 1876 enthüllten **Krieger- (Werder-) Denkmale,**
dann in der Kaiserstrasse bis zur Querstrasse, wo man links
den berühmten herrlichen **Münster** erblickt. Dieser erfordert
eine genauere Besichtigung. Dem Münster gegenüber liegt das
Kaufhaus; alsdann wandere man durch die Herrengasse zum
Schwabenthor und auf den **Schlossberg,** am Reservoir der neuen
Wasserleitung vorüber, bis zu dem Punkte, wo die Orientirungs-
tafel sich befindet und wo eine herrliche Aussicht auf die ganze
zu den Füssen liegende Stadt, die Rheinebene, das Kaiserstuhlgebirge und die Vogesen sich darbietet. (Auf eine Fahrstrasse
über den Schlossberg, welcher nicht allein die so eben skizzirte
Aussicht gegen Westen gewährt, sondern auch das Höllenthal
mit seinem prachtvollen Bergkranze gegen Osten zeigt, wird
seit 10—12 Jahren alljährlich vertröstet). Vom Schlossberge
führen verschiedene Wege in die Stadt zurück. Man durch-
wandere alsdann die Kaiserstrasse bis zum **Martinsthor,** dann
bis zur Dreisam und von hier an der neuen Kaserne, den Anlagen und dem Weiher des Alleegartens, an der stattlichen
höheren Bürgerschule, der Synagoge u. s. w. vorüber durch die
Bertholdstrasse zurück zum Bahnhofe. Mit Besichtigung der
Hauptgegenstände dürfte dieser Rundgang etwa 4—5 Stunden
in Anspruch nehmen. An mehreren der genannten Punkte
kann man sich von der grossen Ausdehnung und den vielen
Verschönerungen überzeugen, welche Freiburg in den letzten
Jahren zu Theil wurden.

Diejenigen Touristen, welche Freiburg aus früheren Besuchen kennen, das **Höllenthal** aber noch nicht kennen, können, wenn sie auf den Rundgang verzichten, bis zu dem schönsten, romantischesten Punkte desselben, dem „**Hirsch-sprunge**" fahren und dann zur Heimreise nach Baden-Baden einen der Abendzüge benützen.

Selbst ein Besuch **Colmar's** im Elsass, hin und zurück mittelst der neu, von **Alt-Breisach** dahin eröffneten Bahn (interessante Eisenbahnbrücke über den Rhein) ist in Einem Tage möglich. Der neue Fahrplan für den Sommerdienst gibt nähere Auskunft; auch ein kurzer Besuch **Badenweiler's** ist von Baden-Baden aus in Einem Tage zu bewerkstelligen.

---

11. Ausflug nach Basel.

Der Eisenbahnzug, welcher am Vormittage 11 Uhr 35 Min. in Freiburg eintrifft, fährt nach 10 Minuten nach Basel weiter, welches um 1 Uhr 30 Min. erreicht wird. Wer also direkt von Baden-Baden, ohne Freiburg zu besichtigen, nach Basel fährt, wird zur Besichtigung der Hauptsehenswürdigkeiten Basel's bis Abends 6 Uhr oder 9 Uhr 15 Min. (Nacht - Schnellzug) Zeit haben.

Man besuche daselbst die hochgelegene **Münsterkirche** mit den interessanten Kreuzgängen, die **Elisabethenkirche**, das **Museum** mit seinen vielen Sammlungen (Gemälde, Antiquitäten, naturhistorische Gegenstände u. s. w.), das Rathhaus, Zeughaus, das Universitätsgebäude (Bibliothek, seltene Handschriften), die Rheinbrücke, das Denkmal von St. Jakob u. s. w. Die *Restauration und Bierbrauerei zur Burgvoglei* mit grossem Saal bietet Erfrischungen dar. Es ist zu bemerken dass der Badische Bahnhof durch den neuen Brückenbau über den Rhein eine Eisenbahnverbindung mit dem grossen schweizerischen Centralbahnhof erhalten hat, so dass Diejenigen, welche nicht weiter in die Schweiz reisen, die Besichtigung der Sehenswürdigkeiten Basel's von hier beginnen und über die alte Rheinbrücke auf den Badischen Bahnhof zurückkehren können. Eine ausführliche Schilderung von Freiburg und Basel findet sich im II. Bande unseres grössern, 1877 in der *Winter'schen Verlagshandlung* zu Heidelberg erschienenen *Schwarzwaldführers* (Seite 64 u. ff. und Seite

165 u. ff.). Der beschränkte Raum gestattet uns nicht, hier näher auf die Schilderung dieser Städte einzugehen. Die Eröffnung der neuen Eisenbahnstrecke von **Leopoldshöhe** in's Elsass nach Hüningen, wo die trefflich organisirte Fischzuchtanstalt eine Sehenswürdigkeit darbietet, gestattet auch auf diesem kleinen Umwege den Besuch Basel's.

---

12. Ausflug nach Carlsruhe.

Wenn auch anzunehmen dass die meisten Besucher Baden-Baden's den Weg hierher über Carlsruhe mit Aufenthalt daselbst einschlagen, so mag hier dennoch für Diejenigen, welche aus der Schweiz oder aus den südlich gelegenen Gegenden kommen, eine kurze Erwähnung der dortigen Sehenswürdigkeiten Platz finden. Ein Morgenzug der Eisenbahn führt uns von Baden in 1 Stunde dahin.

Wer diese Residenzstadt einige Jahre nicht mehr gesehen, wird über ihre ausserordentliche Verschönerung und Vergrösserung hoch erfreut sein. (Die Kunstbestrebungen daselbst wurden kürzlich von *F. Pecht* in der *Augsburger Allgemeinen Zeitung* nach Verdienst emporgehoben).

Carlsruhe wurde 1715 durch den Markgrafen Karl Wilhelm von Baden-Durlach in Form eines Fächers, dessen Ausgangspunkt das Schloss bildet, angelegt; sie ist also eine der jüngsten Städte Deutschlands, zählte aber 1875 schon 43,000 Einwohner, deren Zahl sich seitdem ansehnlich vermehrte ($^2/_5$ Katholiken), wozu der Aufschwung des gewerblichen Lebens in den letzten Jahren Vieles beitrug. Stattliche Alleen und Vorgärten vor den hübschen villenartigen Häusern, Denkmale, Brunnen fallen schon, sobald man den Bahnhof verlässt, in die Augen. Von den meist breiten Strassen münden neun auf den Cirkel des Schlossplatzes. Schöne Plätze sind der **Schlossplatz** mit dem Denkmal Karl Friedrich's und zwei Brunnen, der Marktplatz und der Friedrichsplatz. Unter den Gebäuden zeichnen sich aus: das 1750—56 erbaute **Residenzschloss**, hinter welchem der geschmackvolle Schlossgarten und ein Theil des Hardtwaldes sich ausdehnt; die 1817 vollendete evangelische Kirche mit einem 75 Meter hohen Thurme; die katholische Kirche, das Rathhaus mit einem 64 Meter hohen Thurme, das Ständehaus, das markgräfliche

Palais, das Palais der † Grossherzogin Sophie (jetzt Klini-
kum). In neuerer Zeit entstanden das Theater (1851—53), die
Kunsthalle, das polytechnische Institut, die Kanzleigebäude
des Finanzministeriums und des Ministeriums des grossherzoglichen Hauses und des Auswärtigen, der 1856 vollendete Wintergarten (sämmtlich vom Baudirektor Hübsch); ferner das vom
Baurath Berckmüller 1865—72 auf dem Friedrichsplatz errichtete
prächtige **Gebäude der vereinigten Sammlungen**, welches
die Grossherzogl. Hofbibliothek (100,000 Bände), das Naturalien-
kabinet und die sehenswerthe Sammlung von Alterthümern enthält, das grossartige **Direktionsgebäude der badischen Ver-
kehrsanstalten** *(Helbing)*, der Werder-Palast, die Kunstschule,
das neue Justizgebäude, das neue Gymnasium, das Lehrer-
seminar, das schöne städtische Badhaus **(Vierordtsbad)** und
die herrliche **Fest- und Sängerhalle,** welche auch zu Kunst-,
Gewerbe- und anderen Ausstellungen benützt wird. Im Schlossgarten steht ein Denkmal Hebel's und die Marmorgruppe Hermann und Dorothea *(Steinhäuser)*, an der Westseite des Bahnhofs das Standbild des früheren Ministers Winter und das neue
Kriegerdenkmal, am Eingang in die Stadt das geschmackvolle
Hôtel Germania u. s. w. Mehrere Neubauten (Kaserne) sind
theils in Ausführung begriffen, theils projektirt.

Carlsruhe ist natürlich der Sitz der höchsten Landesbehörden
für das Grossherzogthum; die Stadt zeichnet sich durch Unter-
richtsanstalten (ganz besonders durch das Polytechnikum), durch
reiche seltene Sammlungen aller Art aus. Der Handel ist ziemlich belebt und wird durch mehrere hier einmündende Eisenbahnen gefördert. Eine Pferdebahn durchzieht die Stadt der
Länge nach und verbindet sie mit den nächst gelegenen Ortschaften. Die bedeutendsten Etablissements sind: die Fabrik
der Maschinenbaugesellschaft Carlsruhe mit etwa 900 Arbeitern,
eine Wagenfabrik, mehrere Möbel-, Porzellan-, Ofen-, Thon-
waaren-, Bänderfabriken, eine Fabrik versilberter Waaren, eine
galvanoplastische Fabrik u. s. w. Zu den Rheinbädern in Maxau
führt über Mühlburg und Knielingen eine Eisenbahn in 25
Minuten.

Der uns zugemessene Raum gestattet keine nähere Schilderung der erwähnten Gegenstände. Wir rathen dem Besucher
der Residenz, den Gang durch die Hauptstrasse der Stadt an
dem sog. Malschbrunnen vorüber nach dem Schlossplatze und
dem Schlossgarten zu machen, dann das Museum der Vereinigten

Sammlungen auf dem Friedrichsplatze zu besichtigen, einen Theil der Kriegstrasse zu durchwandern, alsdann das Vierordtsbad und die grosse Festhalle *(Durm)* zu betrachten. Auf diesem Spaziergange hat der Wanderer Gelegenheit, viele der obenerwänten Paläste, Gebäude u. s. w. zu erblicken; es muss sich Jedem die Ueberzeugung aufdrängen, dass sich in Carlsruhe ein Reichthum an Kunstthätigkeit und geistiger Kraft entwickelt hat, der schwerlich in Mittelstädten gleicher Grösse in der ganzen Welt aufzufinden ist; dazu kommt das Erfreuliche, dass hier alle bedeutsamen monumentalen Werke mit einheimischen Kräften ausgeführt wurden. Ueberhaupt offenbart sich auf jedem Schritte der Segen des harmonischen Zusammenwirkens einer erlauchten, pflichttreuen, und darum so hoch verehrten Regierung mit einer intelligenten, strebsamen Bevölkerung, sowohl der Residenz als des ganzen reichblühenden Landes. Ich kann bei dieser Gelegenheit nicht umhin auf die treffliche Festschrift zum 25 jährigen Regierungs-Jubiläum Seiner Königlichen Hoheit des Grossherzogs Friedrich, von *F. von Weech* (Carlsruhe 1877) aufmerksam zu machen, welche die Entwickelung des Grossherzogthums Baden in den Jahren 1852 bis 1877 ausführlich schildert und mit Worten schliesst, welche der weisen Regierung, der selbstlosen Persönlichkeit, dem reinen Charakter und treuen Vaterlandsliebe des allgemein verehrten und geliebten Grossherzogs Friedrich die verdiente Anerkennung zollen.

Nach Beendigung des Besuchs in Karlsruhe (Erfrischungen bietet das gute *Bahnhof-Restaurant* dar) könnte auf der Rückfahrt ein kurzer Besuch in **Ettlingen** und **Rastatt** abgestattet werden; beide Städte liegen nur wenige Minuten von ihren Bahnhöfen entfernt. In dem gewerbreichen Ettlingen, am Eingange in's Albthal, mit 5300 Einwohner würden das alte fürstliche Schloss, auf dem Grunde eines uralten Kastells erbaut, die Pfarrkirche mit ihrer restaurirten grossen und mit sehr schönen Fresken neuerdings geschmückten Kapelle, das Rathhaus und das neuerbaute prächtige Knabenschulhaus (Kriegerdenkmal vor demselben) in Augenschein zu nehmen sein.

Neuerdings tauchte in Folge grösserer Fabrikanlagen im Albthal das Projekt eines Eisenbahnbaues durch dasselbe auf, welches den Besuch der bekannten Wasserheilanstalt Herrenalb sehr erleichtern würde. (Siehe Ausflug nach Herrenalb und Umgebung.)

Rastatt, früher deutsche Bundesfestung, ist seit 1871 deutsche Reichsfestung mit 12,300 Einw. Dem aus den Türkenkriegen berühmten kaiserlichen Feldherrn Markgrafen Ludwig, welcher 1709 seine Residenz hierher verlegte, wo er ein Schloss nach dem Muster desjenigen von Versailles erbauen liess, verdankt Rastatt seine jetzige regelmässige Gestalt. Ausser den Festungswerken und militärischen Einrichtungen ist dieses Schloss mit seinen verschiedenen historischen Denkwürdigkeiten und der Aussicht von der Plattform fast die einzige Sehenswürdigkeit. Viele historische Erinnerungen (der Friede, 1714; die Ermordung der französischen Gesandten, 1799; der Aufstand, 1849) knüpfen sich an Rastatt und seine Umgebung. Das nahegelegene Schloss Favorite schilderten wir Seite 82.

Ortsentfernungen

für die

Spaziergänge und Ausflüge der nächsten Umgebung.

———

Für gute Fussgänger.

Altes Schloss	$3/4$	Stunde.
Annaberg	$1/2$	"
Badener Höhe	4	Stunden.
Badenscheuern	$1/2$	Stunde.
Balg	$3/4$	"
Beuern	$1/2$	"
Bühlerthal (über Malschbach und Wintereck) .	$3^1/2$	Stunden.
Dollen	$1/4$	Stunde.
Ebersteinburg	$1^1/2$	Stunden.
Schloss Eberstein (über Oberbeuern)	$2^1/2$	"
Engelskanzel	1	Stunde.
Falkensteg	$1/2$	"
Favorite	$2^1/4$	Stunden.
Felsen (über das alte Schloss)	$1^1/2$	"
Fischzuchtanstalt	$1^1/4$	"
Fremersberg	$1^1/4$	"
Fremersbergerhof (ehemaliges Kloster)	$3/4$	Stunde.
Forbach (über Schmalbach und Bermersbach) .	$3^1/2$	Stunden.
Forbach (über Gernsbach durch's Murgthal) . .	$5^1/4$	"
Forbach (Fussweg über Geroldsauer Wasserfall und den Eichenbach)	3	"
Gaggenau (Fussweg über Ebersteinburg) . . .	2	"
Gaisbach	$1^3/4$	"
Gernsbach (über Müllenbild)	$2^1/2$	"

Gernsbach (über Neuhaus)	2	Stunden.
Gernsbach (über Staufenberg)	$2^1/_4$	„
Geroldsau	1	Stunde.
Geroldsauer Wasserfall	$1^3/_4$	Stunden.
Gunzenbach	$^1/_2$	Stunde.
Herrenalb (über Gernsbach und Loffenau)	$4^1/_2$	„
Herrengut	$^1/_4$	Stunde.
Herrenwies	$4^1/_2$	Stunden.
Iffezheim (Rennplatz)	2	„
Jagdhaus	$1^1/_4$	„
Korbmattfelsen	$1^1/_2$	„
Kunzenhütte	2	„
Kuppenheim	$2^1/_4$	„
Lichtenthal (Kloster)	$^1/_2$	Stunde.
Malschbach	$1^3/_4$	Stunden.
Merkur	$1^3/_4$	„
Müllenbach	$1^1/_4$	„
Müllenbild	$1^1/_2$	„
Nägelsfirsterhof	$1^1/_4$	„
Neuenhaus (am Wege nach Herrenwies)	$2^3/_4$	„
Neuhaus (bei Staufenberg)	$1^1/_4$	„
Neuweier	2	„
Oos	1	Stunde.
Rothenfels (Waldweg)	$2^1/_2$	Stunden.
Sand (über Geroldsau)	4	„
Schafberg	$^3/_4$	Stunde.
Schmalbach	$1^1/_2$	Stunden.
Seelach	$^3/_4$	Stunde.
Sinzheim	$1^3/_4$	Stunden.
Steinbach	$2^1/_4$	„
Thiergarten	$^1/_4$	Stunde.
Umweg	$1^1/_2$	Stunden.
Varnhalt	$1^1/_2$	„
Vormberg	$1^1/_2$	„
Winden	$1^1/_4$	„
Yburg	2	Stunden.

Taxen und Tarife.

I. Reglement für die Erhebung der Kurtaxe in Baden.

Mit Genehmigung Grossh. Ministeriums des Innern wird über die Erhebung einer Kurtaxe Folgendes bestimmt:

§ 1. Vom Jahre 1874 an wird von den Kurgästen und den sonstigen Besuchern des hiesigen Badeortes die nachstehende Kurtaxe erhoben:

I. Jahrestaxe für das Kalenderjahr.

1 Person	. . . .	. . . .	20	Mark.
1 Familie von 2 Personen	. . . .	30	„
1 „ „ 3 „	. . . .	36	„
1 „ „ 4 „	. . . .	40	„
1 „ „ 5 „	. . . .	45	„
1 „ „ 6 „	. . . .	48	„
1 „ „ 7 „	. . . .	50	„
1 „ „ 8 „	. . . .	52	„
1 „ „ 9 „	. . . .	54	„
1 „ „ 10 „	. . . .	56	„

II. Monatstaxen.

1 Person	. . . .	6	Mark.
1 Familie von 2 Personen	. . . .	10	„
1 „ „ 3 „	. . . .	12	„
1 „ „ 4 „	. . . .	14	„
1 „ „ 5 „	. . . .	16	„

u. s. w.

III. Taxe für 10 Tage (¹/₃ Monat).

Für je 1 Person . . . . 3 Mark.

IV. Tagestaxe.

Für je 1 Person . . . . ¹/₂ Mark.

§ 2. Für die **ständigen** Bewohner von Baden und Lichtenthal werden **Jahres-Abonnementskarten**, für das Kalenderjahr giltig, ausgegeben, und zwar:

Für 1 Person zu . . . . 10 Mark.
„ 1 Familie von 2 Personen . . 20 „
„ 1 „ „ 3 „ . . 21 „
u. s. f., je 1 Mark mehr.

§ 3. Kinder unter 10 Jahren und Dienstboten, welche zur Familie eines Kurgastes gehören, sind taxfrei. — Unbemittelte Kurgäste können von der Kurtaxe befreit werden.

§ 4. Die Zahlung der einen wie der andern Taxe berechtigt zum Besuche der zu dem Conversationshause und der Trinkhalle gehörigen Anlagen des Badfonds, der Colonade des Conversationshauses und zur Benützung der Promenadestühle, sowie zum Besuche der dem allgemeinen Zutritt geöffneten Räume dieser beiden Gebäude, insbesondere auch der Lese- und Spielzimmer und der gewöhnlichen Musik-Aufführungen des Kur-Orchesters im Conversationshause. — Während der Morgenstunden hat die Taxe auf den Besuch der Trinkhalle und der Anlagen keine Anwendung. — Die Zahlung der Jahres- oder Monatstaxe berechtigt ausserdem noch zum Besuche der gewöhnlichen Réunions-Bälle. — Der Besuch der Künstler-Concerte, sonstiger besonderer Veranstaltungen und Festlichkeiten, aussergewöhnlicher Réunions und Bals parés unterliegt besonderen Bestimmungen.

§ 5. Ueber die Zahlung der Taxe für 1 Jahr, 1 Monat oder für 10 Tage, werden Abonnementskarten, auf den Namen lautend, ausgestellt; über die Zahlung der Tagestaxe, Karten auf den Inhaber.

§ 6. Die Abonnementskarten können nur von der Person benützt werden, auf deren Namen sie lauten. Für Familien werden daher die Karten in der Weise ausgestellt, dass der Vertreter der Familie die Hauptkarte und jedes weitere taxpflichtige Mitglied eine Beikarte erhält. Als zur Familie gehörig zu betrachten sind: Ehegatten, minderjährige Söhne und zum Haushalte zählende unverheirathete Töchter.

§ 7. Die Inhaber von Karten der einen wie der andern Art sind verpflichtet, dieselben beim Besuche des Promenadeplatzes, ferner der Lese- und Spielzimmer und der gewöhnlichen Musik-Aufführungen des Kur-Orchesters im Conversationshause, sowie der Réunionsbälle daselbst, zu ihrer Legitimation bei jedesmaligem Eintritt vorzuweisen.

§ 8. Jedem Kurgast steht es frei zu bestimmen, ob er die Taxe für den einzelnen Tag, oder 10 Tage zusammen, oder für 1 Monat, oder 1 Jahr entrichten will.

§ 9. Den Fremden werden die Karten über die Zahlung der Taxen, durch die seitens der Gemeinde bestellten Erheber verabfolgt. Ausserdem können die Karten im Kurtaxen-Bureau und am Eingange zum Conversationshause gelöst werden. — Die ständigen Bewohner von Baden und Lichtenthal lösen die Karten auf dem Kurtaxen-Bureau.

§ 10. Beschwerden wegen Erhebung der Kurtaxe und Reklamationen sind bei dem Bürgermeisteramt anzumelden, welches darüber endgiltig entscheidet.

§ 11. Der Staatspolizeibehörde bleibt es vorbehalten, einzelnen Personen den Besuch der in § 4 bezeichneten Räumlichkeiten und demnach auch die Verabfolgung von Berechtigungskarten an diese Personen zu untersagen, sowie die ertheilten Berechtigungskarten zurückzuziehen.

§ 12. Das gegenwärtige Reglement haben sowohl hier als in Lichtenthal die Besitzer der Gasthäuser und der zur Aufnahme von Kurgästen eingerichteten Wohnungen, in allen zum Vermiethen bestimmten Zimmern anzuheften. Ein Auszug ist dem Fremden-Anmeldezettel beizudrucken.

II. Taxe der Bäder im Friedrichsbad.

Die Preise der Bäder (einschliesslich der Taxe für den Besuch der grossen Halle) betragen, und zwar für:

ein **Wannenbad** . . . . — M. 70 Pf.

für Benützung der gewöhnlichen Brausedouche ist keine Vergütung zu leisten, dagegen für die Abreichung ärztlich verordneter Strahl- und Regendouchen durch das Dienstpersonal und zwar im Betrage von . — M. 50 Pf.

eiu elektrisches Bad	3 M.	—	Pf.
ein Einzelnbad in den kleinen Wildbädern	2 „	—	„
ein Bad in den grossen Wildbädern . .	1 „	—	„
einmalige Behandlung in den Bädern für Kalt-wasserkuren	1 „	50	„
ein Bad in den grösseren Gesellschafts-bädern	1 „	30	„
wenn nachgeschwitzt wird	2 „	—	„
ein Einzelndampfbad	2 „	—	„
ein Kastendampfbad	1 „	—	„
ein Salon-Einzelnbad	10 „	—	„
eine Douche ohne Bad in den Räumen für Kaltwasserkuren	— „	50	„
Für eine Inhalation	— „	50	„
Für den Besuch der grossen Halle . .	— „	20	„
Für Besichtigung des Friedrichsbads . .	1 „	—	„

Zusätze zu den Wannenbädern: Kochsalz pr. Kilo 30 Pf., Soda pr. Kilo 40 Pf., eingedickte Kreuznacher Mutterlauge pr. Kilo 70 Pf., Kleien pr. Beutel zu 1½ Kilo 50 Pf., Fichten-nadel-Extract pr. Flacon 70 Pf.

III. Tax-Ordnung für die Stadtdroschken.

1. Fahrten nach der Zeit.

Dauer der Fahrt.	Für 1 u. 2 Personen.		Für 3 u. 4 Personen.	
	Mark.	Pfg.	Mark.	Pfg.
¼ Stunde	—	90	1	50
½ „	1	40	2	—
¾ „	1	90	2	50
1 „	2	40	3	—
1¼ Stunden	2	90	3	50
1½ „	3	30	4	—
1¾ „	3	70	4	50
2 „	4	10	5	—

Jede Viertelstunde weiter kostet 40 Pfg. ohne Rücksicht auf die Zahl der Personen; jede begonnene wird für eine ganze

Viertelstunde gerechnet. — Die Fahrt nach Lichtenthal wird mit
1 M. 40 Pfg. für 1 oder 2 Personen und mit 2 Mark für 3 oder
mehr Personen berechnet. — Für die Fahrten während der
Nachtzeit und zwar vom 1. Mai bis 31. Oktober nach 9 Uhr,
in den übrigen Monaten nach 8 Uhr, beträgt die Taxe, ohne
Rücksicht auf die Zahl der Personen, für die erste Viertelstunde 1 M. 40 Pfg., für jede folgende Viertelstunde 60 Pfg.
— Für jedes grössere Stück Gepäck werden 40 Pfg. vergütet;
leichtes Handgepäck ist taxfrei zu befördern.

2. Fahrten mit festen Taxen, ohne Rücksicht auf die Zahl der Personen.

I. Classe. Dauer bis zu 3 Stunden.

Nach dem Geroldsauer Wasserfall	5 M.	50 Pf.
Nach dem Jagdhause über den Fremersberger Hof und die Jagdhäuser Allee zurück und umgekehrt	5 „	50 „
Nach dem alten Schloss	6 „	— „
Ebendahin, wenn der Wagen sogleich leer zurück- geschickt wird	4 „	50 „
Nach dem Fremersberger Hof	4 „	— „
Nach der Teufelskanzel	4 „	— „
Nach der Fischkultur-Anstalt	5 „	— „
Nach der Seelach	5 „	— „
Der neue Verbindungsweg zwischen Lichtenthal und Gunzenbach mit der Strasse nach der Yburg . .	5 „	— „
Nach dem Annaberg	4 „	— „
Nach dem Friedhofe, wenn der Wagen sogleich zu- rückgeschickt wird (der Aufenthalt daselbst wird nach der Zeittaxe für 1—2 Personen berechnet)	2 „	— „
Nach dem Kloster Fremersberg	5 „	— „

II. Classe. Dauer bis zu 6 Stunden.

Nach Ebersteinschloss	9 M.	— Pf.
Nach Ebersteinschloss über Gernsbach zurück . .	11 „	— „
Nach Gernsbach	9 „	50 „
Nach Rothenfels durch den Wald über Kellers Bild und über Kuppenheim zurück	10 „	— „
Nach Favorite	7 „	50 „
Nach Rastatt	7 „	50 „

Nach Iffezheim und den Rennplätzen — mit Aus-
nahme der Tage der Wettrennen und der Tauben-
schiessen . . . . 7 M. 50 Pf.
An den Rhein bis zur fliegenden Brücke . . . 9 „ — „
Auf das alte Schloss . . . . 8 „ — „
Nach Ebersteinburg . . . . 7 „ — „
Nach Ebersteinburg über das alte Schloss . . . 9 „ — „
Nach Bühl . . . . 9 „ — „
Nach Steinbach . . . . 7 „ — „
Nach Neuweier über Sinzheim, Steinbach und zurück 9 „ — „
Nach Neuweier über Geroldsau u. Steinbach zurück 10 „ — „
Nach dem Kloster Fremersberg über das Jagdhaus 8 „ — „
Der neue Verbindungsweg zwischen Lichtenthal und
Gunzenbach in Verbindung mit der Fahrt nach
der Yburg . . . . 12 „ — „
Nach der Yburg . . . . 10 „ 50 „
Nach der Yburg, von da über das Kloster Fremers-
berg und das Jagdhaus zurück . . . . . . 14 „ — „

III. Classe. Dauer bis zu 10 Stunden.

Nach dem Geroldsauer Wasserfall, von da zurück
nach Geroldsau und von da nach Neuweier . . 14 M. Pf.
Nach Achern . . . . 15 „ 50 „
Nach Erlenbad . . . . 17 „ — „
Nach der Hub . . . . 14 „ — „
Nach dem Merkur über das Müllenbild und Binsenwasen oder Teufelskanzel und Binsenwasen . 14 „ — „
Auf das alte Schloss, Ebersteinburg, Teufelskanzel,
die neue Strasse unter dem Merkuriusthurm nach
dem Müllenbilde oder umgekehrt . . . . . 14 „ — „
Durch das Murgthal über Ebersteinschloss, Gernsbach, Rothenfels, Kuppenheim und die Favorite 15 „ — „
Nach Bühlerthal über Geroldsau und die Wintereck
und über Bühl und Steinbach zurück oder umgekehrt . . . . 15 „ — „

IV. Classe. Dauer bis zu 14 Stunden.

Auf das alte Schloss, Ebersteinburg, Teufelskanzel,
die neue Strasse unter dem Merkuriusthurm nach
dem Müllenbilde mit Inbegriff von Gernsbach
o d e r Schloss Eberstein . . . . 18 M. — Pf.

Die gleiche Tour mit Inbegriff von Gernsbach u n d
Schloss Eberstein . . . . 21 M. — Pf.
Nach dem Merkur über das Müllenbild, Teufels-
kanzel, Ebersteinburg und das alte Schloss
zurück und umgekehrt . . . . 17 „ 50 „
Nach Forbach . . . . 18 „ — „
Nach Forbach über Favorite, Rothenfels u. Gernsbach 21 „ — „
Nach Herrenwies über den Geroldsauer Wasserfall,
Grohbach und Bernsteinstrasse . . . . . . 21 „ — „
Nach Herrenwies über Seelach und Badener Höhe 21 „ — „
Nach Herrenwies durch Bühlerthal . . . . . . 21 „ — „
Ueber den Wasserfall und den Schwanenwasen in's
Bühlerthal und über Bühl zurück . . . . . 17 „ 50 „
Ueber den Wasserfall, obern Plättig, Sand, durch
das Bühlerthal über Steinbach zurück . . . 20 „ — „
Ueber den Geroldsauer Wasserfall, die Badener
Höhe, Herrenwies und über Forbach und Gerns-
bach zurück . . . . 25 „ — „
Dieselbe Tour — mit Ausschluss der Badener Höhe —
über den obern Plättig und Sand oder umgekehrt 25 „ — „

Alle in dieser Tax-Ordnung nicht namentlich aufgeführten Fahrten sind
lediglich der Zeitdauer nach zu bezahlen. — Bei sämmtlichen 4 Classen wird
bei längerer Dauer der Fahrt die Zeittaxe für 1—2 Personen berechnet.

Für die Packdroschken von der Stadt nach der Eisenbahn und zurück.

Dauer der Fahrt.	1 oder 2 Personen.		3 oder 4 Personen.	
	Mark.	Pfg.	Mark.	Pfg.
¼ Stunde	—	70	1	5
½ „	1	5	1	40
¾ „	1	40	1	70
1 „	1	70	2	15
Von der Eisenbahn nach Lichten-thal	1	40	1	70

Für jedes grössere Stück Gepäck, bei allen Fahrten, 20 Pfg.

Für die Omnibus.

Jede Person, ohne Rücksicht auf die Zeitdauer . . 30 Pfg.
Jedes grössere Stück Gepäck . . . . 20 „

IV. Auszug aus dem Personen-Tarif der Station Baden.

Bei Eintags-Ausflügen per Eisenbahn ist dieser Tarif zu benützen.

Einfache Fahrt zu gewöhnlichen Zügen von **Baden - Baden**

Kilometer.	nach:	I. Classe.		II. Classe.		III. Classe.		Schnellzugs-zuschlags-Billet.	
		M.	Pf.	M.	Pf.	M.	Pf.	M.	Pf.
24	Achern	2	75	1	55	—	90	—	25
36	Appenweier.	3	20	2	15	1	30	—	—
169	Basel	13	80	9	20	5	85	1	85
16	Bühl	1	60	1	10	—	65	—	15
38	Carlsruhe	3	35	2	30	1	40	—	40
31	Ettlingen	2	50	1	90	1	15	—	—
107	Freiburg	8	85	5	95	3	75	1	15
24	Gaggenau	2	40	1	75	1	5	—	—
29	Gernsbach	2	90	2	15	1	30	—	—
77	Hausach	6	45	4	35	2	70	—	85
87	Hornberg	7	25	4	85	3	5	—	—
50	Hubacker	4	50	3	—	1	90	—	—
50	Kehl	4	30	2	90	1	88	—	55
45	Oberkirch	4	·5	2	70	1	70	—	—
44	Offenburg	3	80	2	60	1	60	—	45
5	Oos	—	60	—	45	—	20	—	—
55	Oppenau	4	95	3	30	2	10	—	15
19	Ottersweier	1	80	1	85	—	75	—	—
14	Rastatt	1	40	1	—	—	55	—	—
23	Rothenfels	2	30	1	70	1	—	—	—
116	St. Georgen	9	60	6	15	3	85	—	—
8	Sinzheim	—	95	—	70	—	35	—	—
113	Sommerau	9	35	6	25	3	95	—	—
12	Steinbach	1	20	—	85	—	45	—	—
56	Strassburg (Stadt) . . .	5	90	4	—	2	50	—	85
54	Strassburg (Metzg.-Thor)	5	30	3	60	2	20	—	75
100	Triberg	8	30	5	55	3	50	1	10

Bei Benützung der Schnellzüge muss ein Zuschlags-Billet gelöst werden, auch bei Hin- und Rückfahrten. Für die Hin- und Rückfahrt wird für

gewöhnliche Züge eine Ermässigung in der Art gewährt, dass *a.* für Hin-
und Rückfahrt in I. Classe ein Billet I. Classe mit einem Billet III. Classe,
b. für Hin- und Rückfahrt II. Classe ein Billet I. Classe, und *c.* für Hin-
und Rückfahrt III. Classe ein Billet II. Classe Giltigkeit erhält, wenn die
Billete zur einfachen Fahrt mit der Bezeichnung „Retour" versehen sind.

V. Eisenbahn - Gepäckbestätterei.

Die Packträger tragen als Dienstzeichen am linken Arm
eine rothe Binde mit der Aufschrift: „Eisenbahn-Packträger"
und eine Nummer.

Die von den Reisenden zu erhebenden Gebühren für das
Verbringen des Gepäcks vom Bahnhof nach jedem beliebigen
Stadttheile, bis zum „Hôtel Bellevue" einschliesslich, betragen:

a. Bei Tag

für einen Koffer . . . . 30 Pfg.
„ mehrere Koffer, per Stück . . 20 „
„ sonstiges Gepäck, per Stück . . 10 „

b. Bei Nacht

(im Sommer von Abends 11 bis Morgens 5 Uhr, im Winter von
Abends 10 bis Morgens 6 Uhr)

für einen Koffer . . . . 35 Pfg.
„ mehrere Koffer, per Stück . . 30 „
„ sonstiges Gepäck, per Stück . . 20 „

Für ein einzelnes Gepäckstück darf bei Tag und Nacht
eine Minimaltaxe von 20 Pfg. erhoben werden. Für das Ab-
tragen des Gepäcks ab und zu den Droschken hat der Unternehmer 5 Pfg. für jedes Stück, bei Tag und Nacht, zu bean-
spruchen.

Der Unternehmer, welcher Kaution gestellt hat, haftet für
von ihm oder seinen Leuten übernommenes Reisegepäck. Dieselben haben jedem Reisenden bei Uebernahme seines Gepäcks
eine Marke einzuhändigen, welche bei Auslieferung des Gepäcks zurückzugeben ist.

Annoncen.

Annoncen für die nächste Auflage nimmt **C. Wild's** Buch- und Kunsthandlung, Lichtenthaler-Strasse N⁰ 2, entgegen.

Die

Buch-, Kunst- & Musikalien-Handlung

von

C. WILD

empfiehlt ihr grosses Lager von Büchern aus allen Fächern der in- und ausländischen Literatur und ladet zum Besuche ihres in der Mitte der Stadt (Leopoldsplatz, gegenüber der Post) gelegenen Geschäftslokales ergebenst ein, überzeugt, durch das reichhaltige Lager die Zufriedenheit der geehrten Literatur- und Kunstfreunde zu erwerben.

Reise-Handbücher. Eisenbahn-Karten.

Grosse Auswahl von

Ansichten von Baden und Umgegend

in allen Grössen zu den billigsten Preisen.

Neue deutsche, französische und englische Leih=Bibliothek.

Einzel-Verkauf politischer Zeitungen.

BADEN-BADEN.

Längst bekannte alkalische Kochsalzthermen von 44—69⁰ C.
Chlorlithiumquelle von hervorragendem Gehalte.

Neue Grossherzogliche Badanstalt „Friedrichsbad".

Musteranstalt einzig in ihrer Art in Vollkommenheit und Eleganz — Wannenbäder, russische Dampfbäder, römisch-irische Bäder, electrische Bäder, sog. Wildbäder, Schwimmbäder, Kaltwasserbehandlung, **Inhalation zerstäubten Mineralwassers**, Gurgelduschen, Pneumatische Apparate, Duschen in allen Formen und Temperaturen, mineralische und medizinische Bäder jeder Art. — Privat-Heilanstalten mit Thermalbädern, Trinkhalle für Mineralwasser aller bedeutenden Heilquellen, Molkenanstalt, Milchkur, Frühjahrskuren mit frischen Kräutersäften. Herbstkuren mit vorzüglichen Trauben.

Die milde Kochsalztherme ist besonders wirksam gegen katarrhalische und scrophulose Leiden der Schleimhäute, der Respirationsorgane wie des Verdauungstractus, Hals- und Kehlkopfleiden, zu deren Heilung die neuen Zerstäubungsapparate wesentlich beitragen; chronische Bronchialleiden, chronische Katarrhe des Magens und des Darmes, Hämorrhoidalkrankheiten, Scrophulose.

Lithiumhaltige Quellen. Schönste Erfolge gegen Gicht, Harngries, Rheumatismus, Blasenleiden.

Die Thermalbäder sind altbekannt gegen Rheumatismus, Gicht, Nervenleiden, Lähmungen, alte schmerzhafte Narben, Wunden und Geschwüre der Weichtheile und Knochen, Schusswunden, Scrophulose. Schwache und Reconvalescenten stärken sich in der belebenden Therme. — **Durch die Thermaldampfbäder und heissen Luftbäder** des „Friedrichsbades" werden in den hartnäckigsten Fällen noch glückliche Resultate erreicht. — Die chemische Zusammensetzung der Therme gestattet medicamentöse Zusätze für den innerlichen und äusserlichen Gebrauch.

Conversationshaus mit prachtvollen Concert-, Ball-, Lese-. Restaurations- und Gesellschafts-Sälen während des ganzen Jahres geöffnet. — Grosse Concerte, Symphonie- und Quartett-Soiréen, Extra-Concerte hervorragender Künstler. — Bals parés, Réunions. — Kinderfeste. — **Ausgezeichnetes Cur-Orchester** (48 Mann) mit Instrumental-Solisten, täglich 3 Mal. — Militär-Concerte. — Opern- und Schauspiel-Vorstellungen. — Ballet. — Feuerwerke und Illuminationen.—Jagd und Fischerei.—Taubenschiessen.—Grosse Wettrennen. — **Höhere Lehr- und Erziehungs-Anstalten.**

Baden-Baden, von allen Seiten mit üppigen Tannen- und Buchwaldungen umgeben, bietet Gelegenheit zu den **reizendsten Spaziergängen und Ausflügen. — Vorzügliches Klima. — Herrliche Lage. — Mittlere Jahrestemperatur: + 7,4⁰ R.**

Das städtische Cur-Comité:

Gönner, Oberbürgermeister.   **Th. Weih**, Stadtrath.

140

A. GAUS  BADEN.

Langestr. 17.   **Hof-Lieferant.**   Langestr. 17

Importirte		Bremer,
Havanna-		Hamburger
Cigarren.		Cigarren.

Russ. Cigaretten.  Türk. Tabak.

Cigaretten eigener Fabrik.

Colonial-Waaren, Delicatessen. — Inländische, französische, spanische, italienische Weine. — Thee-Lager. — Deutsche, französische, schweizer Chocoladen. — Strassburger Pasteten. Russ. Artikel. — Orangen, Mandarinen, Citronen. — Ital. Teig-waaren. — Olivenöl, Mortadella, Salami, Parmesan, Marsala. — Candirte Früchte: Paris, Marseille, Genua. — Conservirte Gemüse. — Engl. Pickles, engl. Saucen.

HUNTLY & PALMER's BISCUITS.

142

GEBR. MOPPERT

— Bijoutiers —

BADEN-BADEN

Lichtenthaler - Strasse Nr. 1.

Gold- & Silberwaaren.

An- und Verkauf	*Achat et vente*
von	de
Antiquitäten	MONNAIES
in Gold und Silber.	et médailles anciennes.

Piano-Handlung

und

Verleih-Anstalt

von

HEINRICH DIETRICH

Nr. 1 Inselstrasse

beim „Hôtel Victoria"

Baden-Baden.

Reparaturen, Stimmen.

10

J. F. HECK

Sattler

148

Holz-, Kohlen- & Coaks-Handlung

von

C. F. LORENZ

102 Langestrasse 102

empfiehlt:

Prima Ruhrer Stück-, Fett- und Schmiede-Kohlen, Saar-kohlen und Gas-Coaks.

Buchen-, Tannen- und Birkenholz.

Durch Aufstellung einer Dampf-Säg- und Spalt-Maschine bin ich in den Stand gesetzt, das Holz in jeder beliebigen Länge kleingespalten sofort billigst liefern zu können.

NB. Bestellungen hierauf werden auch in der Spezerei- und Delikatessen-Handlung von **Max Reichert** entgegen genommen.

Häuser-Verkauf

und

Logis-Vermiethungen.

Villa's jeder Grösse, gut gebaute rentable Stadt-und Geschäftshäuser. — Antiquitäten- und Möbel-Handlung. — Möbel- und Betten-Verleihung. Nachweis von Kapitalien durch das Auskunfts-Bureau **C. WILD sen.,** *Lange-strasse Nr. 74, gegenüber dem »Badischen Hof«.*

Schnepf & Niemand

Blitzableiter-Fabrikanten

AMERICAN SYSTEM.

Zeugniſſe ſachverſtändiger Männer liegen zur Einſicht auf.

Niederlage der Bonner Fahnen-Fabrik

bei

EMIL SCHNEPF

94 Gernsbacher-Strasse 94.

W. KUNZEMÜLLER

Hof-Photograph

Sr. K. H. des Prinzen Georg
von Preussen und
Sr. K. H. des Landgrafen
Friedrich von Hessen.

Atelier: Eisenbahn-Strasse 3, neben dem Bahnhof

BADEN-BADEN.

Photographien von Medaillon- bis Lebensgrösse. — Reproductionen und Vergrösserungen nach Originalen und Photographien. Ausführung in Aquarell- und Oelfarben.

11

Hut-Geſchäft von Carl Behrle

Langestrasse 16, Baden-Baden.

Großes Lager in Seiden=, Filz= und Stroh=Hüten; beſte deutſche,
ſowie ächt engliſche Chriſtys. — Feſte Preiſe.

Möblirte Zimmer zu vermiethen

bei Fräulein

Therese Siefert (Rausch'sches Haus)

Langestrasse Nr. 45, Baden-Baden.

LE DOCTEUR TH. BLONDIN

Langestrasse N⁰ 35 Baden-Baden

Ancien Médecin, Inspecteur des Eaux Minérales, Membre de la Société de
Médecine de Paris, Membre de l'Académie d'Hist. Nat. de Halle etc. etc.

Consultations de 2 h. à 5 h.

Wein - Handlung

von

HERMANN WEBER

5 Kreuz-Strasse 5

BADEN-BADEN.

———

GROSSES LAGER

von

Badischen, Pfälzer, Rhein- und Mosel-Weinen,
Bordeaux, Burgunder. — Französischer und deutscher
Champagner. — Italienische, spanische, portugiesische,
griechische und ungarische Weine.

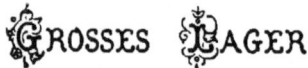

Liqueure in allen Sorten.

Vorzügliches

Schwarzwälder Kirschwasser.

Punsch - Essenzen.

Schwedischer Punsch, Punsch Grassot.

Garantie für Aechtheit. — Billige Preise.

VICTORIA HOTEL

Besitzer: Franz Grosholz.

Gasthof I. Ranges; prachtvoll gelegen, bekannt durch seinen guten Tisch und Weine. Pünktliche Bedienung und reelle mässige Preise.

Europäischer Hof.

Besitzer: Otto Kah.

Hôtel I. Ranges, gegenüber dem Conversationshause und der Trinkhalle. Verbindet mit allen Annehmlichkeiten eines Hôtel I. Ranges bescheidene Preise.

Table d'hôte um 1 und 5 Uhr.

Hôtel de Russie.

Besitzer: W. Hillengass.

Altrenommirtes Hôtel I. Ranges, an der Promenade gelegen, inmitten eines Gartens mit sehr schöner Aussicht. — Elegante Einrichtung, besonders gute Küche, reine Weine, aufmerksame Bedienung und solide Preise.

Hôtel Oberst.

Familien-Hôtel II. Ranges, Luisenstrasse, nächst dem Conversationshause. Neu und comfortabel eingerichtet, geführt unter persönlicher Leitung des Besitzers. Aufmerksame Bedienung. Bescheidene Preise.

Carl Oberst, Eigenthümer.

HOLLAND HOTEL

mit

Dépendance „Beau Séjour"

Table d'hôte um 1 und 5 Uhr

Eigenthümer: A. Rössler.

BADEN-BADEN.

HOTEL STEPHANIENBAD.

Dasselbe in schönster Lage der Stadt, am Eingange der Lichtenthaler-Allee, in der Nähe des Conversationshauses und des Theaters, in Mitte eines grossen Gartens gelegen, ist auf das Comfortabelste eingerichtet.

Renommirte Küche und Keller, elegante Stahl- und Flussbäder; aufmerksame Bedienung; solide Preise.

A. Brenner, Besitzer.

Baden-Baden.

Hôtel zum Hirsch

mit Mineral- & Süsswasserbäder in jeder Etage.

Comfortable Pensions-Einrichtung; Wohnung, Frühstück und zwei Mahlzeiten von Mark 5. 25. an und höher. Anerkannt vorzügliche Küche. Nahe dem Bahnhof u. Kursaal gelegen.

Hôtel garni
STAHLBAD.

Eigenthümer: Aug. Jœrger.

Gut eingerichtetes Hôtel garni.

Grosse u. kleine Wohnungen, Küche, Stallung.

Badanstalt

bestehend aus 15 Badkabineten mit Thermal- und Flusswasser.

Stahlbäder

mit Dampfheizung (die Quelle befindet sich im Hause).

Duschen

sowie Zusätze von Kreuznacher Salz, Fichtennadel-Decoct und dergleichen sind stets vorhanden.

BÄCKEREI

von allen feineren und gewöhnlichen Brodsorten.

Gasthaus zur Krone

von

Adolf Freundt

Lange-Straße 15 & Luisen-Straße 12.

Möblirte Zimmer.

Garten mit luftigem Gartensaal.

Guter Mittagstisch à 2, Mark

um halb 1 Uhr.

Restauration zu jeder Tageszeit.

Reine Weine.

Stets frisches Bier vom Faß.

Café mit neuem Billard.

Billige Preise und gute Bedienung.

12*

Gasthaus zur Rose.

Besitzer: Joseph Kiehl.

Marktplatz, neben der Hauptquelle und dem neuen Friedrichsbad.

— *Tafel um 1 Uhr.* —

Billige Preise. — Pension. — Aufmerksame Bedienung.

Philipp Bräumer.

Gasthaus zum Merkur

Baden-Baden, Hard-Strasse 3.

Export-Handel in- und ausländischer Biere. — Niederlage von Flaschen-Weinen. — Kalte und warme Speisen. — Reine Weine.

Gasthaus  zum Anker

und

Wein - Handlung

von

Max Friton

Badenscheuern bei Baden-Baden.

Eine halbe Stunde von der Stadt entfernt. — Schöner schattiger Garten, gute Speisen und reine Weine. — Grosses Lager in badischen und fremden Weinen, Schwarzwälder Kirschwasser, Zwetschgenwasser etc.

Hof Annaberg

bei Baden-Baden.

Gartenwirthschaft.

Luftkurort.

Schattige Lauben.

Restauration.

Kalte Küche, Kaffee, Sauermilch u. frisch gemolkene Milch.

Gute rothe und weisse Weine.

Annaberger (eigenes Gewächs).

Hof Annaberg, 25 Minuten von der Stadt entfernt, ist hoch gelegen, am Fusse des Merkuriusberg, nah dem Walde, und eignet sich der Hof besonders zu längerem Aufenthalt.

Bestens empfiehlt sich der Eigenthümer

Martin Peter.

Gasthaus zum Löwen in Lichtenthal
bei Baden-Baden.

L. Müller.

Empfiehlt sein durch einen Neubau vergrössertes Etablissement mit grossen, hohen und ganz neu und bequem eingerichteten Zimmern, als: Parterre, Bel-étage und Mansarden mit schöner Fernsicht. — Grosser Garten; Garten-Salon. — Einfache Table d'hôte um 1 Uhr im Freien. — Restauration, Dîners, Café zu jeder Zeit. — Kuhwarme Milch im Hause. — Reine in- und ausländische Weine und Flaschenbiere. — Pension von 4 Mark an und höher, je nach Lage der Zimmer. — Gute aufmerksame Bedienung, billige Preise.

Der Postomnibus hält 3 Mal täglich am Gasthaus. Billetausgabe nach Baden-Baden.

Gasthaus zum Sand.
=== Luftkurort. ===

Ausflug dahin von Baden über den Plättig, Herrenwies und Badener Höhe, oder durch's Bühlerthal. Mitten in Tannenwaldungen gelegen. — Pension von 4—5 Mark. Bei grösserem Besuch bittet man, es zwei Tage vorher gefl. anzuzeigen.

Bestens empfiehlt sich   *Weis, Gastwirth.*

Weisenbach im Murgthal.
Gasthaus zum Grünen Baum.
Restauration zu jeder Tageszeit. — Forellen.

Den Besuchern des Murgthales empfiehlt sich bestens der Eigenthümer   Johann Schæfer.

Wasserfall Geroldsau

bei Baden-Baden.

—⊷⊶—

Jean Naber

Restaurant		**Restaurant**
Stets frische		à la
kalte u. warme		Cascade
Speisen		**DES TRUITES**
Forellen		Café, Thé
Kaffee, Thee		Chocolat
Chocolade		Des
Gutes Bier		**bonnes bières**
Reine Weine		Des
Kühler		vins purs.
Aufenthalt.		

—————

✜ Jean Naber ✜

empfiehlt auch seine

Wirthschaft zum Grünen Baum

in Lichtenthal.

Fisch-Cultur-Anstalt Gaisbach

bei BADEN-BADEN.

(Siehe Text-Seite 76.)

Vortreffliche Restauration.

— Fische —

besonders **Forellen,** frisch aus den Wassersträngen genommen.

Ausgesuchte Weine, Export- und andere Biere.

Das Begehen der Park-Anlagen und die Besichtigung der durch klares Gebirgswasser genährten Teiche ist gratis. — Der Eintritt in die geräumige und elegante Bruthalle beträgt 50 Pfennig für eine Person.

Heidelberg.

Schloss-Hôtel.

Liegt angrenzend am Schlosspark, 20 Schritte zum alten Schlosse, das schönste und höchstgelegene Hôtel Deutschlands, mit der grössten Bequemlichkeit der Neuzeit eingerichtet und einer Aussicht, wie dieselbe kaum in der Schweiz zu finden ist, die mannigfaltige Schönheit nicht zu beschreiben. Es umfasst 80 logirbare Zimmer nebst Salons mit 21 Balcons, 5 kleinere und einen grossen Speisesaal, verbunden mit prachtvoll gelegenen Terrassen. Ein Lese-Rauchsalon. — 20 Minuten mit dem Wagen von der Bahnhof-Station. — **Table d'hôte um 1, 5 und 7 Uhr. — Pension das ganze Jahr.** — Prompte Bedienung. — Reichs-Post- und Telegraphen-Station im Hause.

Eigenthümer: H. Albert.

Kurort Petersthal.

HOTEL MÜLLER.

Petersthal, 1400 Fuss über dem Meer gelegen, im Renchthal des badischen Schwarzwaldes, $^3/_4$ Stunde von der Bahnstation Oppenau.

Das Bad, schon seit dem 14. Jahrhundert durch seine vier verschiedenen Stahlsäuerlinge und deren vortreffliche Wirkungen bekannt, bietet mit seinem herrlichen Park bei der Badeanstalt und schattigen Spaziergängen einen schönen Sommeraufenthalt. Im Bade selbst (Hôtel Müller) ist Raum für über 200 Kurgäste, Kursaal, Lese- und Billardzimmer, Trinkhalle und Bäder mit Duschen, Dampf- und Inhalations-Vorrichtungen verschiedener Konstruktion, Schwimmbad mit grösseren und kleineren Bassins.

Zimmereinrichtungen vom Elegantesten bis zum Einfachsten. — Regelmässig von hohen und höchsten Herrschaften besucht. — Auswahl vieler schöner Ausflüge, wie Allerheiligen, Kniebis etc.

Jagd und Forellen-Fischerei.

Carlsruhe.

Hotel Germania

I. Ranges.

Dieses mit dem höchsten Comfort der Neuzeit ausgestattete und schönste Hôtel Süddeutschlands empfiehlt sich dem p. t. reisenden Publikum besonders durch seine herrliche gesunde Lage im frequentesten Theile der Stadt und nächster Nähe des Bahnhofes. Es umfasst an inneren Räumlichkeiten ausser grösseren und kleineren Appartements, 100 Fremdenzimmer im Preise von 2 Mark aufwärts, einen grossen Speisesaal, ausgeführt mit reicher Täfelung im Renaissance-Styl, Frühstück- und Restaurations-Salons in Verbindung mit einer grossen Terrasse, sowie Rauch-, Musik-, Lese- und Badezimmer.

Mässige Preise, bei längerem Aufenthalte Pension und besondere Berücksichtigung der Geschäftswelt.

Hochachtungsvoll

Louis Schlichtinger.

═ Triberg. ═

Mittelpunkt der badischen Schwarzwaldbahn.

Bieringer's

Schwarzwald-Hôtel.

Dieses im grossartigsten Schweizerstyl erbaute, im vorigen
Jahre mit glänzendem Erfolg eröffnete, von hohen, höchsten und
allerhöchsten Herrschaften, zuletzt von Seiner Majestät dem
Deutschen Kaiser mit hohem Besuche beehrte Hôtel I. Ranges
hat seine volle Anerkennung bereits bei allen Besuchern Triberg's gefunden und ist seit 1. Mai wieder eröffnet worden.

Auf einer reizenden Anhöhe, in fast unmittelbarer Nähe
des Wasserfalls gelegen, von Parkanlagen, hübschen Spaziergängen und prächtigen Tannenforsten umgeben, von allen Seiten
die herrlichsten Aussichten darbietend, wird dieses im badischen
Schwarzwald einzig in seiner Art bestehende Etablissement jeden
Besucher durch die Eleganz, Zweckmässigkeit und grösstmög-
lichsten Comfort seiner Einrichtungen überraschen, und ver-
möge seiner Höhenlage (900 Meter über dem Meere) den ge-
sundesten und angenehmsten **Luftkur-Aufenthalt** bilden.

Das Hôtel enthält: 80 feinst möblirte Fremdenzimmer und
Salons mit 120 Betten, 26 Balcons, grosse schattige Terrasse
mit Pavillon, grossen Frühstücks- und Speisesaal, Rauch-, Lese-
und Couversations-Salons, in jedem Stockwerke kalte, warme
und Dusch-Bäder, und wird sich das bereits erworbene Re-
nommé **vorzüglicher und billiger Bedienung** zu erhalten
bestens bestrebt sein.

Table d'hôte um 1 und 5 Uhr.

Omnibus am Bahnhofe. — Wagen zu Ausflügen. — Englische,
französische und italienische Conversation. — Sorgfältig ausge-
wählte Zeitungs-Literatur. — Piano im Conversations-Saal. —
Wöchentlich ein Mal bengalische Beleuchtung des Wasserfalls.

L. Bieringer, *Eigenthümer.*

Veränderungen während des Drucks.

Friedrichsbad.

Für die Benützung der Gesellschaftsbäder und der Wannenbäder im Friedrichsbad während der Vormittagsstunden von 6 bis 1 Uhr tritt bis auf Weiteres folgende Preiserhöhung ein: Für ein Gesellschaftsbad im zweiten Stockwerke statt 1 Mark 30 Pfg. — eine Mark 80 Pfg. Für ein Wannenbad im ersten Stockwerke statt 70 Pfg. — eine Mark.

Die Preise für diese Bäder in den Nachmittagsstunden bleiben unverändert die bisherigen.

Gleichzeitig wird andurch bekannt gegeben, dass vom 15. Juni d. J. an bis Ende September auch in dem Vorplatze des dritten Stockwerkes des Friedrichsbades Karten zur Benützung der in diesem Stockwerke befindlichen Bäder, sowie der Gesellschaftsbäder im zweiten Stockwerke abgegeben werden und dass die Inhaber von Karten zur Benützung dieser Bäder den Zugang durch den Corridor des dritten Stockwerkes und den betr. Ruhesaal nehmen können.

Die Karten zur Benützung der Bäder im ersten Stockwerke, zum Besuche der grossen Halle und zur Besichtigung der Badeanstalt müssen auch fernerhin an der Kasse im ersten Stockwerke gelöst werden und ist den Inhabern solcher Karten der Zutritt durch das dritte Stockwerk nicht gestattet.

EXCURSIONSKARTE DER UMGEGEND VON BADEN BADEN.

Bade et ses environs. Baden and its environs.

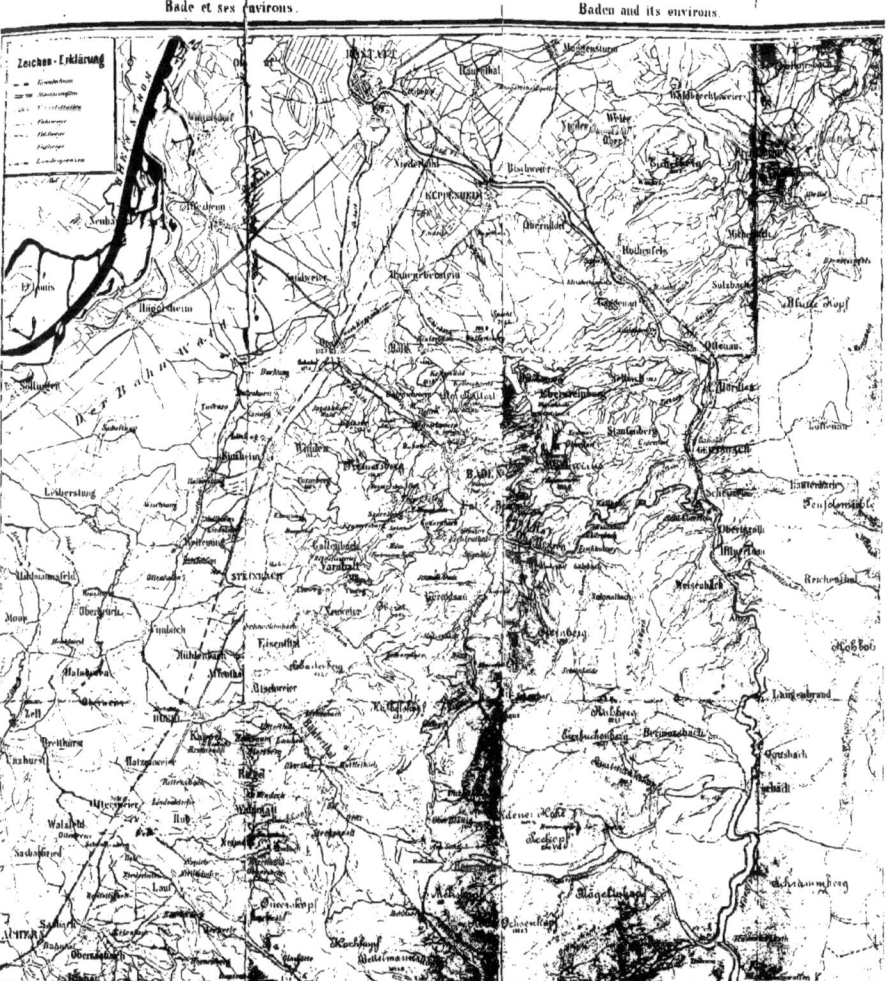